经济与金融管理创新研究

刘素芳　刘文钊　孙晓曦 ◎著

经济日报出版社

北　京

图书在版编目（ＣＩＰ）数据

经济与金融管理创新研究 / 刘素芳，刘文钊，孙晓
曦著. -- 北京：经济日报出版社，2025.3
ISBN 978-7-5196-1471-3

Ⅰ．①经… Ⅱ．①刘… ②刘… ③孙… Ⅲ．①经济管
理－研究②金融管理－研究 Ⅳ．①F2②F830.2

中国国家版本馆 CIP 数据核字 (2024) 第 059497 号

经济与金融管理创新研究

JINGJI YU JINRONG GUANLI CHUANGXIN YANJIU

刘素芳　　刘文钊　　孙晓曦　著

出版发行：经济日报出版社

地　　址：北京市西城区白纸坊东街 2 号院 6 号楼

邮　　编：100054

经　　销：全国各地新华书店

印　　刷：廊坊市博林印务有限公司

开　　本：710mm×1000mm　1/16

印　　张：11

字　　数：185 千字

版　　次：2025 年 3 月第 1 版

印　　次：2025 年 3 月第 1 次

定　　价：68.00 元

前　言

随着科技的不断进步和市场的不断变革，传统的管理模式和金融体系正面临着前所未有的挑战和机遇。经济与金融管理创新成为推动企业可持续发展和全球经济繁荣的关键引擎。

经济与金融管理领域的创新，不仅依赖于技术的革新应用，更要求深入洞察市场动向、精准把握风险管理并具备资本运作的深厚知识。面对国际金融体系的错综复杂与瞬息万变，企业需持续完善管理流程，积极引入前沿商业模式，以灵活应对迅速发展的市场与日益加剧的竞争态势。

本书首先阐述经济学与经济管理的基本原理，为读者搭建起一个稳固的理论框架。同时对金融市场的运作机制进行深入剖析，详细解读金融工具的多样性以及金融机构的核心功能，进一步揭示现代金融管理的核心内涵，从经济与金融的深度融合中，深刻洞察两者的紧密关系，并深入分析融合发展所带来的巨大潜力和广阔前景。本书还顺应信息化与数字化的发展趋势，深入研究金融管理的信息化与数字化转型，全面论述信息化技术在金融管理领域中的广泛应用和显著价值，并提出创新的策略思路和发展路径，为金融行业的数字化转型提供有力支持。此外，聚焦于绿色金融这一新兴的金融形态，从产业升级、技术创新到"双碳"目标的实现，展现了一个绿色、可持续的发展蓝图，为推动绿色金融的深入发展提供重要的支撑和指导。

在本书的撰写过程中，笔者始终怀着一颗敬畏之心，深知所探讨的主题之复杂、所涉及的领域之广阔。尽管笔者付出巨大的努力，但仍有可能存在不足或疏漏之处。在此，恳请读者不吝赐教，您的宝贵意见将成为笔者继续进步的动力。

刘素芳　刘文钊　孙晓曦

2024 年 6 月

目　录

第一章　经济基础及其发展

第一节　经济学概述

一、经济、经济学

（一）经济

经济是指人们为了满足需求而进行的生产、分配、交换和消费的活动。经济活动涉及资源的配置和利用，以及产出物的生产和分配。经济的核心是资源的合理配置和有效利用。

在资源有限的情况下，经济活动需要通过生产、分配、交换和消费来满足人们多样化的需求。经济活动的目标是提供足够的物质财富，使人们的生活水平得到改善，并促进社会的发展和进步。经济活动需要按照一定的经济规律进行，比如供求关系、价值规律和效用最大化等。这些规律影响着资源的配置和分配，决定经济活动的效率和效果。经济活动应当遵循法律法规和道德规范，尊重劳动者权益，保护环境资源，促进创新和科技进步，推动实现共同富裕和可持续发展的目标。

（二）经济学

经济学是研究资源分配问题和人类经济活动的社会科学。它主要关注人们如何决策和行为以满足有限资源下的无限需求。经济学的核心是分析经济行为的规律和原理，从而为制定政策、管理经济和推动社会发展提供理论和实践指导。

经济学的研究主要依靠数学模型、统计分析和实证研究等定量分析手段，以及理论推演和实证验证相结合等方法进行。经济学的研究领域很广泛，包括但不限于价值理论、资源分配、生产理论、消费行为、市场结构、劳动经济学、发展经济学、金融经济学、国际贸易等。

经济学作为一门社会科学，旨在提高经济效率、促进社会福利和可持续发展。在实践中，经济学的应用涉及政府政策、企业管理和个人决策等方面。通过理性分析和预测，经济学可以提供对经济现象和问题的解释和解决方案，为推动经济发展和改善人民生活作出贡献。同时，经济学也关注社会公平和环境可持续性等重要问题，以确保经济发展符合社会公共利益并遵循可持续发展原则。

（三）经济与经济学

第一，研究对象。经济学是研究经济的学科，它关注经济现象和经济活动的规律。经济学提供分析经济问题和现象的工具和理论框架，帮助人们理解经济活动的本质和机制。经济学通过对经济的系统研究，为经济的发展和问题解决提供理论和实践准备。

第二，研究方法。经济学通过定量和定性的研究方法来分析经济现象。经济学家运用数学模型、统计分析、实证研究等方法，以及理论推演和实证验证相结合的手段，来研究和解释经济活动的规律。经济学的研究方法和工具为经济的理论和实践提供理论基础和实证依据。

第三，相互影响。经济学研究的成果和理论对经济活动具有指导作用。经济学通过分析经济行为的规律和效应，为经济的决策和管理提供理论支持和实践指导。同时，经济活动的发展和实践也为经济学的发展提供实证数据和现实案例，推动经济学理论的创新和完善。

第四，政策制定。经济学为政府制定经济政策提供理论依据和实践指导。经济学的研究成果帮助政策制定者更好地理解经济问题，预测经济走势，制定合理的政策措施，以促进经济增长、提高社会福利和实现可持续发展。

二、经济学的作用

在经济全球化和科技快速发展的今天，经济学的作用愈发凸显。

第一，经济学对于理解历史发展具有重要意义。通过对历史经济数据的分析，经济学家可以揭示出不同历史时期的经济规律和发展趋势。例如，古典经济学对于劳动价值论的研究，为人们理解封建社会到资本主义社会的转变提供了重要的理论支撑。而现代宏观经济学对于经济周期的研究，则有助于人们理解不同国家在不同时期的经济波动和危机。

第二，经济学对于指导现实经济生活具有直接作用。政府可以依据经济学的理论和分析，制定更为科学合理的经济政策。例如，在面临经济衰退时，政府可以采取扩张性的财政政策或货币政策，以刺激总需求，促进经济增长。同时，企业也可以利用经济学的原理，优化生产结构，提高生产效率，实现利润最大化。

第三，经济学对于预测未来经济发展趋势也具有重要的参考价值。通过对经济数据的分析，经济学家可以预测未来的经济走势，从而为投资者提供决策依据。例如，通过对 GDP、CPI 等关键经济指标的分析，人们可以预测未来的通货膨胀率，从而决定是否调整投资策略。

第四，经济学在预测和应对全球化背景下的经济趋势中发挥着关键作用。在全球化的今天，经济活动跨越国界，对经济数据的分析不仅要考虑国内因素，还要考虑国际影响。例如，经济学理论可以帮助人们理解全球资源的有效配置，如何通过国际贸易和投资促进各国经济增长和福利提升；通过对全球金融市场的分析，经济学家可以预测和解释全球金融危机等事件，为制定跨国应对策略提供理论支持；在应对全球性问题如气候变化时，经济学提供了分析工具，帮助不同国家在碳减排等政策上进行有效的国际合作与协调。经济学不仅帮助人们理解历史、指导现实经济生活，还为人们预测和应对全球化背景下的经济挑战提供了有力的分析框架。

综上所述，经济学在理解历史、指导现实、预测未来以及解决全球性问题等方面都发挥着重要的作用。然而，人们也应该保持清醒的头脑，认识到经济学的局限性和不足。只有这样，人们才能更好地利用经济学，为人类社会的繁荣和发展作出更大的贡献。

三、经济学的类型

（一）微观经济学

微观经济学是经济学的一个重要分支，它研究单个经济单位（如个人、家庭、企业）的经济行为和决策，以及市场机制下的供求关系、价格形成等微观经济现象。微观经济学的研究对象包括个体的消费行为、生产决策、市场结构和竞争等。在微观经济学中，个体经济单位是决定经济活动的基本单元。微观经济学研究个体经济单位的决策行为，通过分析个体的有限资源如何分配，以及个体如何对不同选择进行决策，揭示价格变动对个体经济行为的影响。同时，微观经济学研究不同个体之间的相互作用，如市场供求关系、竞争和合作等。

（二）宏观经济学

宏观经济学是经济学的另一个重要分支，它研究经济体的总体运行和宏观经济现象，如国民收入、经济增长、就业、通货膨胀等。它关注的是经济体的总体表现和宏观经济政策对经济活动的影响。

宏观经济学的研究对象是经济体的总体变量，如国民收入、总产出、总消费、总投资等。它通过分析经济体的总体需求和总体供给之间的关系，揭示经济体的运行规律和宏观经济现象的变化。宏观经济学研究包括经济增长、失业、通货膨胀、国际贸易等与整个经济体相关的问题。

（三）发展经济学

发展经济学是经济学的一个分支，主要研究发展中国家经济增长和发展问题，关注如何实现经济的可持续发展、减少贫困、提高人民生活水平等。发展经济学的研究内容覆盖经济体制改革、产业升级、财政政策、国际援助等多个方面。

发展经济学的研究对象是发展中国家，它关注发展中国家的经济增长和发展问题。发展经济学旨在找到适合发展中国家的经济增长模式和发展策略，研究如何解决贫困、落后和不平等问题，促进经济的可持续发展。

（四）行为经济学

行为经济学是经济学的一个新兴分支，研究人类经济决策行为的心理学和认知偏差，以及非理性行为对经济结果的影响。行为经济学通过实验证据和实证研究，揭示了传统经济学中理性决策和完全信息假设的合理性。

行为经济学的研究对象是个体的经济决策行为，它关注人类在经济决策中的心理和认知因素，揭示人类决策行为中可能存在的偏差和非理性因素。行为经济学研究的领域包括决策理论、实验经济学、行为金融学等。

总之，上述四个经济学在研究方法和应用领域上存在差异，共同揭示了经济活动的多个层面和不同维度。每个经济学的研究内容都有独特的价值和意义，相互之间相辅相成，共同构建了经济学的完整体系。

第二节　经济管理的基础认知

经济管理是指运用经济学的原理和方法来指导和控制组织或系统的资源配置和运营活动的过程。它涉及规划、组织、领导和控制组织的经济资源，包括人力资源、资金、物资以及其他资产，以达到既定的目标和提高效率。经济管理的目标是通过有效的资源分配和优化决策过程，实现组织经济效益的最大化。这通常需要对市场环境进行评估，对成本和收益进行分析，以及制定相应的策略和政策来应对经济变化和竞争压力。经济管理广泛应用于企业、政府部门和非营利组织等多个领域。

一、经济管理的作用与地位

（一）经济管理的作用

1. 有序化

"有序化"是组织生命的根基，它如同生命的脉搏，决定着组织的活力和生命力。经济管理的有序化作用不仅仅体现在资源的配置上，还涉及人、物、精神和行为等多个层面。在人力资源方面，有效的经济管理能确保人才的合理流动和利用，提高员工的工作效率和满意度；在物资管理方面，它能减少库存积压，优化供应链，降低运营成本；在精神文化层面，它能塑造积极的企业文化，提升员工的归属感和忠诚度；在行为规范方面，它能制定合理的规章制度，规范员工的行为，维护企业的良好形象。

此外，经济管理的有序化作用还表现为不断改革和创新。在快速变化的市场环境中，任何组织都不能停滞不前，否则就会被时代的洪流所淹没。通过持续的改革和创新，组织能够克服自身的惰性，打破陈规陋习，从而增强其生存和发展能力。这种改革和创新的精神是经济管理有序化的核心所在，也是组织保持活力的源泉。

2. 整体化

整体化经济管理，就是将各个部门、各个环节的管理工作，整合成一个有机的整体，形成统一的管理体系，以提高管理效率，实现经济目标。

（1）整体化经济管理的实现，需要有一个清晰的管理目标。这个目标就像一个指南针，引导着整个管理团队的方向。无论是企业的经营目标，还是国家的经济目标，都需要通过整体化的经济管理来实现。

（2）整体化经济管理需要有一个有效的管理机制。这个机制就像一个精密的齿轮系统，将各个部门、各个环节的管理工作，整合成一个有机的整体。这个机制包括组织结构、决策制度、激励机制等多个方面。

（3）整体化经济管理需要有一个专业的管理团队。这个团队就像一支训练有素的乐团，能够按照指挥家的指示，演奏出和谐统一的音乐。这个团队的成员需要有专业的管理知识，同时也需要有良好的团队协作能力。

（4）整体化经济管理的实现，还需要有良好的社会环境。这个环境就像一个宽广的舞台，为经济管理提供实施的空间。这个环境包括法律制度、社会文化、经济发展水平等多个方面。

3. 放大化

（1）经济管理可以扩大人类的能力范围。经济管理就是由一个或多个人来协调其他人的活动，扩大人类的能力范围，从而取得个人单独劳动所不能取得的效果。

（2）经济管理可以使系统的产出倍增。经济管理的重要作用在于科学地配置资源、科学地组织系统的转换过程，保证其产出大于投入。这就是经济管理的放大作用，也称为倍增作用。

（二）经济管理的地位

第一，经济发展的推动者。"经济的发展联系着我们国家的命脉，有效的经济管理能够提高我国的经济水平。"[①] 经济管理者通过制定合理的发展战略、管

---

① 易爽. 论我国经济管理现代化和发展新趋势［J］科技经济市场，2017 年 (7)：142-143.

理政策和措施，能够引导和促进产业发展、创新和技术进步，提升生产效率、质量和竞争力，推动经济持续增长。

第二，资源配置和利用的决策者。经济管理涉及对资源的合理配置和有效利用，决策者需要进行决策和安排，使有限的资源得到最优化的利用。经济管理者需要进行战略规划、项目管理、成本控制等，以确保资源的高效使用和最大化效益。

第三，经济效率和效益的提升者。通过科学的管理理念、方法和工具，经济管理在提高经济效率和效益方面发挥着重要作用。经济管理者注重流程优化、质量控制、绩效管理等，以提升生产和服务效率，降低成本和浪费，实现经济效益的最大化。

第四，风险管理和应对的策划者。经济管理涉及对经济风险的识别、评估和管理，以应对不确定性和风险带来的挑战。经济管理者需要进行风险管理，制定风险规避措施、应急预案等，以保护企业的经济利益，确保经济的稳定和可持续发展。

第五，组织和人力资源的领导者。经济管理涉及组织的管理和人力资源的开发与管理。管理者需要制定组织架构、分工合作机制，建立人才培养、激励和发展的制度，创建良好的工作环境和企业文化，以确保组织和员工的发展。

二、经济管理的职能与内容

（一）经济管理的职能

第一，预测职能。预测职能是经济管理工作的起点，它要求管理者通过深入研究和分析市场趋势、技术进步、政策法规等多方面因素，预测未来经济活动的发展方向和影响。这种预测不仅要准确，还要具有前瞻性，以便为决策提供可靠的依据。

第二，计划职能。基于预测结果，管理者开始制订经济活动的发展计划。这些计划涵盖生产、投资、销售等各个方面，它们相互关联、相互影响，共同构成经济活动的整体框架。计划职能的核心是确保经济活动的有序进行，防止资源的浪费和低效利用。

第三，组织职能。经济活动的实施离不开有效的组织和协调。这一职能涉及人员的选拔、培训、激励，物资的采购、调配、存储，以及资金的管理和运用。通过优化组织结构和资源配置，可以提高经济活动的效率和效益。

第四，控制职能。管理者需要时刻关注经济活动的发展情况，通过监控和调整，确保经济活动按照既定的计划和方向进行。控制职能涉及进度管理、质量管理、成本管理等多个方面。它要求管理者具备敏锐的洞察力和快速的反应能力，及时发现并解决问题。

第五，决策职能。经济活动的决策是管理者最为重要的职责之一。它涉及投资决策、生产决策、销售决策等各个方面。决策职能的核心是根据预测和计划，结合实际情况，选择最优的发展路径。这需要管理者具备丰富的经验、专业知识以及决策能力。

第六，监督职能。为了确保经济活动的合法性和规范性，管理者需要对经济活动进行监督和检查。这包括对法律法规的遵守情况、内部管理制度的执行情况以及经济活动结果的合规性等方面进行监督检查。监督职能可以维护市场秩序和公平竞争环境，保护参与者的合法权益。

（二）经济管理的内容

1.人力资源管理

人力资源是指一个组织中所有员工的集合，包括全职、兼职、临时和长期合同等各种形式的员工。这些人构成了组织的人力资本，他们的知识、技能、经验和工作表现对组织的成功至关重要。人力资源具有能动性和创造性、时效性和连续性、动态性和消费性、再生性和适度性等特征。人力资源管理的适用原理如下：

（1）同素异构原理。同素异构原理一般是指事物的成分因在空间组合关系和方式上的不同，即在结构形式和排列次序上的不同，会产生不同的结果，引起不同的变化。例如，在群体成员的组合上，同样数量和素质的一群人，由于排列组合不同会产生不同的效应；在生产过程中，同样人数和素质的劳动力因组合方式不同，其劳动效率也不同；在组织中，同样一群人，由于领导者与被领导者组合排列方式上的差别，会产生不同的结果。在现实活动中，可以举出大量此类案例，由此可以说明构建完善组织系统的动态调节机制的重要意义。根据这一原理，企业必须建立有效的组织人事调控机制，根据企业生产经营的需要，重视组织内部各种信息的传递和反馈，不断地对组织与人员结构方式进行调整，以保证系统的正常运行。

（2）能位匹配原理。能位匹配原理是指根据岗位的要求和员工的能力，将员工安排到相应的工作岗位上，保证岗位的要求与员工的实际能力相一致、相对应。"能"是指人的能力、才能，"位"是指工作岗位、职位，"匹配"是一致性与对称性。企业员工聪明才智发挥得如何、员工的工作效率和成果如何，都与人员使用上的能位适合度成函数关系。能位适合度是人员的"能"与所在其"位"的配置程度。能位适合度越高，说明能位匹配越合理、适当，即位得其人、人适其位、适才适所，这不但会带来高效率，还会促进员工能力的提高和发展，反之亦然。根据这一原理，企业必须建立以工作岗位分析与评价制度为基础，运用人员素质测评技术等科学方法甄选人才的招聘、选拔、任用机制，从根本上提高能位适合度，使企业人力资源得到充分开发和利用。

（3）互补增值、协调优化原理。互补增值、协调优化原理的含义是，充分发挥每个员工的特长，采用协调与优化的方法，扬长避短，聚集团体的优势，实现人力、物力和财力的合理配置。人作为个体，不可能十全十美，而合为群体，则可以通过相互结合、取长补短，组合成最佳的结构，更好地发挥集体力量，实现个体不能达到的目标。在贯彻互补原则时，还应当特别注意主客观因素之间的协调与优化。协调就是要保证群体结构与工作目标相协调，与企业总任务相协调，与生产技术装备、劳动条件和内外部生产环境相协调；优化就是经过比较分析，选择最优结合方案。互补的形式是多层次、多样化的，如个性互补、体力互补、年龄互补、知识互补、技能互补、组织才干互补、主客观环境和其他条件互补等。

（4）效率优先、激励强化原理。效率优先、激励强化原理是指将提高效率放在首要位置，通过有效激励，使员工明辨是非，认清工作的目标和方向，保持持续不竭的内在动力。在企业中一切工作都要以提高效率为中心，时时处处将提高效率放在第一位，各级主管应当充分有效地运用各种激励手段，对员工的劳动行为实行有效激励。例如，对员工要有奖有惩、赏罚分明，才能保证各项制度的贯彻实施，才能使每个员工都自觉遵守劳动纪律，严守岗位，各司其职，各尽其力。企业文化通过理论塑造，特别是企业精神的培育，教育、感化员工，以提高组织的凝聚力和员工的向心力；通过及时的信息沟通和传递，以及系统的培训，使员工掌握更丰富的信息和技能，促进员工观念上、知识上的转变和更新。

（5）公平竞争、相互促进原理。公平竞争、相互促进原理的含义是，在企业的人事活动中坚持"三公"原则，即待人处世、一切人事管理活动都必须坚持"公正、公平和公开"的原则，提倡起点相同、规则相同、标准相同，考评公正、奖惩公平、政务公开，采取比赛、竞争的手段，积极开展"比、学、赶、帮、超"活动，激发员工的斗志，鼓舞员工的士气，营造良好的氛围，调动员工的积极性、主动性和创造性。在企业中，为了促进生产任务的完成，应当提倡员工相互比赛、相互竞争。在社会主义市场经济条件下，企业要为员工搭建一个体现"三公"原则的大舞台，将绝大多数员工吸引到"效率优先、平等竞争"的舞台上，使他们能够发挥自己的才能。在企业中，应创造一切条件鼓励员工在生产的产量、质量、技术操作等方面相互比赛、相互竞争，使员工在竞争中得到充分开发和利用。

（6）动态优势原理。动态优势原理是指在动态中用好人、管好人，充分利用和开发员工的潜能和聪明才智。在工作活动中，员工与岗位的适合度是相对的，所以要注重员工的绩效考评及员工潜能和才智的开发，始终保持人才竞争的优势。社会一切事物和现象都是处于变动之中的，企业的员工也处于变动之中，从优化组织的角度看，企业员工要有上有下、有升有降、有进有出、不断调整、合理流动，才能充分发挥每个员工的潜力、优势和长处，使企业和员工都受益。

2. 财力管理

财力是指在一定时期内一个国家或地区所拥有的社会总产品的货币表现。财力运动包括财力的开发（生财）、财力的集聚（聚财）和财力的分配使用（用财）三个环节。财力运动的三个基本环节，相互联系、相互制约、相互促进。生财是运动的起点和归宿，是聚财和用财的前提；聚财是运动的中间环节，是生财和用财的制约因素；用财是为了生财，用财和生财互为目的。

财力集聚的对象，就是国内社会总产品的价值和国外资金市场中的游资。财力集聚的主要渠道有财政集资、金融机构集资和利用外资。在我国目前的市场经济发展中，除了搞好财政集资外，尤应重视金融机构集资和利用外资。财政集资的主要特点是强制性和无偿性，金融机构集资的主要特点是有偿性和周转性。财力使用应坚持的原则为：统筹兼顾，全面安排；集中资金，保证重点；量力而行，留有余地；搞好财力平衡。

3. 物力管理

物力是能够满足人类生产、生活需要的物质的总称，包括物质资料和自然资源两大部分。

（1）物力管理的基本任务。遵循自然规律和经济规律，按照建设资源节约型、环境友好型社会的要求，结合经济发展和人民生活的需要，开发、供应、利用和保护好物力资源，形成节约能源资源和保护环境的增长方式、消费模式，以合理、永续地利用物力，促进经济和社会事业的不断发展，推动人类文明和进步。

（2）物力管理的内容。具体内容包括：

第一，物力的开发、供应和利用。在这一过程中，管理者需要深入了解资源的特性、分布和需求情况，制订科学合理的开发计划。通过高效的供应链管理和物流配送，确保物力资源能够及时、准确地供应到需要的地方。同时，要充分利用现代科技手段，提高物力资源的利用效率，减少浪费。

第二，自然资源的保护。保护自然资源，实现资源的可持续利用，对于维护生态平衡和人类长远发展具有重要意义。物力管理人员需要具有环保理念，采取有效措施减少资源消耗和环境污染。例如，推广使用可再生能源、提高能源利用效率、加强废弃物回收和再利用等。

4. 科学技术管理

科学是人类实践经验的概括和总结，是关于自然、社会和思维发展的知识体系。技术是人类利用科学知识改造自然的物质手段和精神手段的总和，它一般表现为各种不同的生产手段、工艺方法和操作技能，以及体现这些方法和技能的其他物质设施。

科学技术管理的主要内容为：制定科学技术发展规划，着力于突破制约经济社会发展的关键技术；组织科技协作与科技攻关，积极推广应用科研成果；注重提高自主创新能力，抓好技术改造与技术引进；加强创新型科技人才队伍建设。

5. 时间资源管理

时间是一切运动着的物质的一种存在形式，时间资源具有不可逆性；具有供给的刚性和不可替代性；具有均等性和不平衡性；具有无限性和瞬间性。时间资源的管理是指在同样的时间消耗情况下，为提高时间利用率和有效性而进行的一系列控制工作。时间资源管理的内容包括对生产时间（即从生产资料和劳动力投入生产领域到产品完成的时间）的管理和对流通时间（即产品在流通领域停留时间）的管理。

时间资源管理的基本途径为：规定明确的经济活动目标，以目标限制时间的使用；制订详细的计划，严格控制时间的使用；优化工作程序，提高工作效率，充分挖掘时间潜力；合理安排休息和娱乐时间。

6.经济信息管理

经济信息是反映经济活动特征及其发展变化情况的各种消息、情报、资料的统称。经济信息的特征为：社会性、有效性、连续性和流动性。

（1）为了更好地管理和利用经济信息，人们通常按照不同的标准进行分类：

第一，根据经济信息的来源，可以将其分为原始信息和加工信息。原始信息是指未经处理和分析的原始数据和资料，而加工信息则是通过对原始信息进行整理、分析和解释后得到的信息。

第二，根据经济信息所反映的内容，可以将其分为内部信息与外部信息。内部信息是指企业或组织内部产生的信息，如财务报表、生产数据等；而外部信息则是指来自企业或组织外部的信息，如市场调查报告、政策法规等。此外，经济信息还可以分为有关过去的信息和有关未来的信息，前者是对历史数据的分析和解释，后者则是基于当前数据对未来趋势的预测和判断。

第三，根据经济信息取得的方式，可以将其分为常规性信息和偶然性信息。常规性信息是指通过正常渠道和方式获取的信息，如定期发布的统计数据和报告；而偶然性信息则是通过非正常渠道和方式获取的信息，如突发事件或意外发现等信息。

（2）在进行经济信息管理时，人们需要遵循一定的程序和要求：

第一，要广泛收集各种来源的经济信息，确保信息的全面性和准确性。

第二，要对收集到的信息进行认真的加工和处理，包括数据的整理、分析和解释等，以便从中提取出有用的信息。同时，要及时传递处理过的信息给需要的人或部门，确保信息的时效性和适用性。

第三，要对处理过的信息进行分类储存和管理，以便于日后的查询和使用。

在管理经济信息的过程中，人们需要遵循一些基本的要求。首先，要保证信息的准确性，避免出现错误或误导性的信息。其次，要保证信息的及时性，确保信息能够反映经济活动的最新情况和趋势。最后，要保证信息的适用性，确保信息能够满足用户的需求和决策支持的需要。

三、经济管理的属性与效益

（一）经济管理的属性

第一，综合性。经济管理与许多其他学科紧密相连。例如，经济学为经济管理提供理论基础和研究方法，会计学、市场营销、金融学和统计学等也为其提供具体的工具和视角。这种跨学科的特性使得经济管理能够综合运用这些学科的知识和技能，形成一套系统化的方法，以解决现实中复杂多变的经济和管理问题。

第二，应用性。经济管理更强调实际的应用，因为它所面临的问题往往来源于真实世界，需要具体问题具体分析。这就要求经济管理专业人士不仅要有深厚的理论素养，还要具备将理论转化为实践的能力。他们需要在现实环境中制定预算、进行成本控制、设计市场营销策略、管理财务等，这些都是经济管理应用性的具体体现。

第三，系统性。在现实的经济活动中，各种资源和要素都需要有效地组织和协调。经济管理的任务就是将这些部分有机地整合在一起，形成一个协调一致的整体。这种整合不仅需要明确各部分的职能和关系，还需要确保整体运行的高效和稳定，这正是经济管理系统性的体现。

第四，决策性。在经济管理中，决策是一个核心环节。无论是在企业的战略规划、项目的投资决策还是日常的运营管理中，都需要进行各种方案的评估和比较。这就要求经济管理专业人士掌握各种决策分析方法和技术，能够在不确定和风险的环境中作出明智的决策。这些决策不仅影响到企业的经济效益，还涉及社会责任和长远发展，因此需要人们以科学的态度和方法来进行决策。

第五，艺术性。尽管经济管理强调科学的方法和严谨的逻辑，但在实际操作中，人际交往、沟通、领导和创新能力同样重要。这是因为经济管理的对象主要是人，而人的行为和决策往往受到情感、经验、价值观等多种因素的影响。这就要求经济管理专业人士不仅要有坚实的专业基础，还需要具备高超的技巧和艺术性，以实现有效的管理、协调和领导。

（二）经济管理的效益

1. 经济管理效益的重要性

在现代经济体系中，经济管理效益具有举足轻重的地位。它是企业生存与发展的核心要素，直接关系到企业在市场竞争中的胜负。从宏观层面看，高效的经济管理效益有助于优化资源配置，使有限的资源得以流向最具潜力和价值的领域，从而推动整个经济的高效运行，实现经济增长与可持续发展。对于企业而言，良好的经济管理效益意味着更高的盈利能力、更强的偿债能力和更优的运营能力。它不仅能够确保企业稳定运转，还能为企业的扩张与创新提供坚实的资金支持。同时，经济管理效益的提升也有助于增强企业的市场竞争力，使其在产品定价、市场份额争夺等方面占据有利地位，进而实现企业价值的最大化，为利益相关者创造更多的财富。

2. 经济管理效益的影响因素

经济管理效益受到多种因素的综合影响，这些因素涵盖财务管理、人力资源、内部管控和风险管理等关键领域。

在财务管理方面，资金筹措与使用的合理性是基础。企业若能根据自身实际情况，精准选择如股权融资、债务融资等合适的融资方式，确保资金稳定供应，并合理规划资金用途，将极大提升经济管理效益。同时，全面而有效的成本控制至关重要。通过深入分析成本结构，从优化生产工艺、提高生产效率、降低原材料采购成本、加强库存管理等多个环节入手，能够有效降低经营成本，提高盈利能力。此外，定期且深入的财务分析，能够为企业提供有关财务状况的准确信息，帮助企业及时发现问题并制定改进措施，从而优化资源配置，降低财务风险，对经济管理效益产生积极影响。

人力资源因素对经济管理效益的影响同样不可忽视。员工素质包括教育背景、专业知识和技能水平等，直接决定了企业的创新能力和应对市场竞争的能力。企业注重员工培训与发展，提供丰富的学习机会和广阔的职业晋升路径，有助于吸引和留住高素质人才。经验丰富、技能娴熟的员工能够显著提高工作效率，降低错误率和成本。科学合理的绩效管理体系，通过明确工作目标、公正评估绩效、及时反馈并给予激励，能够充分激发员工的工作动力和创造力，提高工作效率和质量。而合理的人力资源配置，根据员工的特长和能力安排合适的岗位，以及建立公平、公正、合理的薪酬福利制度，提供具有竞争力的薪酬待遇、充足的晋升机会和丰富的培训机会，对于吸引和留住优秀人才，提升企业经济效益具有关键作用。

内部管控作为企业内部控制和管理的重要组成部分，其有效性直接影响经济管理效益。在生产管理方面，优化生产流程、引入先进生产设备和技术、加强生产现场监管，既能提高生产效率和产品质量，又能降低生产成本，确保按时交付高质量产品。完善的质量管理体系，涵盖原材料采购、生产过程控制和产品检验等环节，能够有效提升产品质量，增强客户满意度，进而扩大市场份额，提升经济效益。物流管理方面，优化物流流程、建立高效的物流信息系统和配送网络，实现物流信息实时跟踪与反馈，可提高物流效率、降低成本。加强与供应商和客户的合作，建立战略合作伙伴关系，有助于实现资源优化配置，实现共赢，进一步提升经济管理效益。

风险管理也是影响经济管理效益的重要因素。市场风险的不确定性对企业销售额、市场份额和利润率产生直接影响。企业通过深入的市场分析和预测，及时调整产品定位、市场定位和销售策略，加强与合作伙伴的信息共享与资源合作，可有效降低市场风险。信用风险方面，建立完善的信用管理体系，对客户信用状况进行全面评估和持续监控，采取设定信用额度、提供担保措施、签订合同等多种方式，可降低坏账风险，保障企业经济利益。操作风险涉及人为错误、技术故障和设备损坏等，企业通过建立健全内部管理制度和控制措施，明确岗位职责和工作流程，加强员工培训，提高操作技能和业务水平，同时注重设备维护和更新，可有效防止事故和损失发生，提升经济效益。

3. 经济管理效益的构成要素

经济管理效益的构成要素包括经济效益、社会效益和环境效益。

经济效益是企业经济管理活动的直接成果体现，主要反映在财务指标上，如利润的增长、成本的降低、资产的增值等。企业通过优化资源配置、提高生产效率、降低成本等手段，实现经济利益的最大化，这是经济管理效益的核心组成部分。

社会效益则着眼于企业对社会的贡献和影响。企业在追求经济效益的同时，积极履行社会责任，如提供就业机会、保障员工权益、参与公益事业、推动产业升级等，有助于促进社会和谐稳定发展，提升企业社会形象和声誉，为企业长期发展创造良好的社会环境。

环境效益关注企业经济管理活动对自然环境的影响。在可持续发展理念日益深入人心的今天，企业注重节能减排、资源循环利用、环境保护等，有助于降低企业经营对环境的负面影响，实现经济与环境的协调发展，同时也能满足社会对企业环保责任的期望，增强企业的可持续发展能力。这三个要素相互关联、相互影响，共同构成了经济管理效益的完整体系。

4.经济管理效益的衡量指标

衡量经济管理效益的指标众多，其中财务指标是最直观和常用的衡量标准。盈利能力指标如净利润率、总资产收益率、净资产收益率等，反映了企业获取利润的能力。净利润率越高，表明企业在扣除所有成本和费用后剩余的利润越多，盈利能力越强；总资产收益率和净资产收益率则从资产运用和股东权益的角度，衡量企业的投资回报水平。偿债能力指标包括资产负债率、流动比率、速动比率等，体现了企业偿还债务的能力。资产负债率合理，表明企业财务结构稳健，既能有效利用财务杠杆，又能控制债务风险；流动比率和速动比率则反映了企业短期偿债能力，确保企业在面临短期债务到期时具有足够的资金偿还能力。运营能力指标如存货周转率、应收账款周转率、总资产周转率等，反映了企业运营资产的效率。存货周转率高，说明企业存货管理效率高，存货资金占用成本低；应收账款周转率快，表明企业收账速度快，资金回笼及时，坏账损失风险小；总资产周转率则综合反映了企业全部资产的经营质量和利用效率。

除财务指标外，非财务指标同样对衡量经济管理效益具有重要意义。市场份额反映企业在市场竞争中的地位，市场份额的扩大意味着企业产品或服务得到更多客户的认可，具有更强的市场竞争力。客户满意度是企业产品或服务质量的重要体现，高客户满意度有助于企业保持客户忠诚度，促进口碑传播，为企业带来长期稳定的业务增长。创新能力是企业未来发展的动力源泉，包括产品创新、技术创新、管理创新等方面。创新能力强的企业能够不断推出满足市场需求的新产品或服务，提高生产效率，降低成本，从而在市场竞争中保持领先地位。员工满意度和忠诚度影响企业的团队稳定性和工作效率，满意且忠诚的员工更愿意为企业贡献力量，积极参与企业发展，减少人员流动带来的成本和风险。此外，企业的社会责任履行情况，如环保投入、公益捐赠、员工福利保障等，虽然难以直接用财务指标衡量，但对企业的社会形象和长期发展具有深远影响，也是衡量经济管理效益的重要维度。综合运用财务指标和非财务指标，能够全面、准确地评估企业的经济管理效益，为企业制定战略决策、优化管理措施提供有力依据。

第三节　现代经济发展概述

经济发展是指一个国家或地区在一定时期内，经济总量、经济结构、经济效益、经济制度等方面不断提高和发展的过程。经济发展不仅仅是追求经济规模的扩大和财富的增加，更重要的是实现经济结构的优化和升级，提高整体资源的有效配置和利用效率，推动经济社会持续健康发展。

一、经济发展的含义

经济发展是经济生活中一股向上向前的力量，尽管其背后的推动因素多元且复杂，但始终代表着经济的积极进步。经济的发展是社会繁荣昌盛的基石，它能够催生更多的就业机会，提高人民的生活水平，促进社会和谐与稳定。

经济发展的驱动力主要源于社会生产力的提升，尤其是科技的飞跃。生产力的发展像一列不断前行的火车，推动着经济快速前进。科技的进步和创新是推动生产力发展的关键因素。随着科技的不断发展，生产效率得到了极大的提高，新产品和新服务不断涌现，为经济发展注入新的活力。同时，科技的发展也会催生处新兴产业，创造更多的就业机会，为经济发展提供强大的动力。

经济发展的核心是物质产品生产能力的提升，是经济生活总体水平的稳步上升。经济生活包含生产、分配、交换和消费四个环节，它们相互关联、相互影响。经济发展的目标是根据人们的价值判断设定的，它为人们指明了前进的方向。虽然经济发展的目标会影响经济发展的模式和速度，但经济发展本身和目标并非同一概念。经济发展是客观的经济现象，而经济发展的目标则是基于人们的价值判断对经济发展应实现的社会效果的期望。经济发展的目标应该与社会核心价值观相一致，以实现社会的可持续发展为目标。同时，政府在制定经济发展政策时，也应该充分考虑人民的需求和利益，确保经济发展的成果能够惠及全体人民。

二、经济发展的过程

经济发展是在经济增长基础上，一个国家经济与社会结构现代化的演进过程。人类现代社会经济的发展实质就是城市化、工业化、现代化的过程。

1. 城市化的演变过程

城市作为独立的、高效的经济运行实体，有力地推进着社会、经济、文化的发展。城市能够非常有效地将一定区域内的人力、组织、文化、技术等资源聚合在一起，并加以合理的配置，以达到最优化的运行方式，使城市运行进入良性发展。城市化的经济目的是通过规模经济、集体消费，提高公共服务的水平。人口密度是公共服务的函数，人口集聚是提高公共服务效率的前提，唯有大规模的空间集聚，才能降低公共服务的平均成本，获得递增的报酬。

城市本身是推动社会经济发展的重要驱动力，而在整个社会的经济运行中，城市更像是一个组织者、管理者、指挥者。城市规模是影响城市发展的重要因素，规模越合理，其运行效益越高。随着以国际互联网为代表的网络技术的发展，城市化进入新的发展阶段。城市化并不仅是人口由乡村向城镇的简单集中，它反映的是整个社会结构的变化，它包含非农产业的集中、生活空间的转化和观念意识的转化。

2. 工业化的演变过程

人们对地理的探索，推动了商业革命，催化了工业化过程。如农业率先发展，带来的农业革命，使人口迅速增加，为产业革命提供企业家和资金，促使农民向非农产业转移。但工业发展并不等于工业化的过程开始，当资金、技术积累到适当程度的时候，工业发展加快，工业化进程开始。工业化最基本的前提是技术积累达到一定程度和阶段。工业化创造两种需求：一是社会需求；二是工业本身发展的需求。工业化程度越高，门类就越齐全，工业层级和门类的扩张按照一定的规律进行。

3. 现代化的演变过程

现代化是人类文明的一种深刻变化，是文明要素的创新、选择、传播和退出交替进行的过程，是追赶、达到和保持国际先进水平的国际竞争。现代化还是技术的大爆炸，它使人类思想以惊人的速度和数量增长与传递，不同文化之间的差别在缩小，而专业技术领域上的差别却在扩大。现代化着重于技术进步所引起的生产和生活所有方面以及各种手段的现代化，因为它的进步促进需求和生产的急剧增加，即经济增长和社会发展。

第二章 金融基础及其管理体系

第一节 金融市场与金融工具

一、金融市场

金融，即资金的融通，金融市场就是进行资金融通的场所。在金融市场中，人们可以通过货币资金借贷、金融商品的交易等方式完成这一活动。金融市场是现代市场体系的重要构成。金融市场以其特有的融资效率与魅力，推动社会资金的正常运行。

金融市场是金融存在的媒介，是金融活动的场所，有金融活动就会形成金融市场。金融活动以两种形式表现出来：

一是货币资金借贷，它是金融活动双方通过签订合同实现的货币资金融通，其活动对象直接是货币资金；二是金融商品交易，它是金融活动双方通过对金融商品的买卖来实现资金融通，其活动对象是金融商品（如股票、债券、基金、黄金、外汇等）。在金融商品交易中，金融商品卖方通过出售其持有的金融商品而获得货币资金，实现融资；买方通过支付货币资金而购入金融商品，实现投资或获得利息收入。

（一）金融市场的功能

金融市场通过组织货币资金融通与金融商品交易，可以发挥以下六个方面的功能。

1. 资金融通功能

资金融通是金融市场最基本的功能，通过这个功能有效筹集与调剂资金。金融市场通过各种金融商品的买卖，为融资双方提供多种可供选择的机会，以适应公众不同的投资与融资行为，从而使资金富余者获取收益，资金需求者得到资金。

金融市场为双方实现各自的目标创造条件，提供媒介。首先，金融市场为资金供给方和需求方提供交易的场所；其次，金融市场拥有许多金融商品，供给方和需求方可以找到合适的融资方式或渠道；再次，金融市场为资金融通提供合理的价格或利率；最后，金融市场集中了交易信息，提供高效的网络或交易机制，降低了融资成本。

2. 资金积累功能

金融市场有利于闲散资金的集中与积累，有助于促使储蓄转化为投资，促进资本的形成。一方面，在金融市场上，大额的资金需求者可以通过面向社会发行股票、债券、基金等方式筹措资金；另一方面，对于众多分散的小额资金盈余者而言，可以通过购买不同数值的股票、债券和基金等金融商品获得投资机会，实现投资收益。金融市场提供风险、收益、期限等条件不同的金融商品，适应了不同个人及企事业单位的投资需求，满足了不同的投资方向和风险偏好，极大地促进资金的积累和资本的形成。

3. 价格发现功能

金融市场的价格发现功能是指通过市场上交易双方的大量、持续的交易而形成不同金融商品的市场价格。一般而言，金融商品的价格随着时间的变化而变化，金融商品的票面金额有时不能代表它本身的价值，金融商品的深层价值只有在市场交易、买家和卖家互动的过程中才能被揭示。这些商品的价格在任何给定的时刻，都代表了供需双方在那个特定瞬间所达成的一致意见。金融市场的交易制度越健全、交易者数量越多，金融交易越活跃，定价功能越能发挥作用。良好的定价功能有助于资源配置功能的实现。

4. 资源配置功能

资源配置功能是指金融市场合理引导资金流向，以及资源优化配置，提高资金的使用效率。金融市场上金融商品交易的实质是资金的流动，在市场信息渠道比较通畅的前提下，社会资金会朝着效益好、风险低的行业或企业流动，而资金的流动最终代表着社会经济资源的流动。社会资源是有限的，金融市场通过引导资金的合理流向，从而实现社会资源的优化配置。

5. 分散风险功能

通过金融市场交易，可以实现风险的转移和防避，以及投资风险的分散。金融市场作为一种有组织的市场，有完善的法规和制度，有良好的法律保障，市场交易行为规范，可在一定程度上降低信用和交易风险；金融市场为金融商品提供了流动性，增强了金融商品的交易转让属性，有利于金融风险的及时转移；金融市场提供众多的金融商品，投资者可以根据自己的风险承受力择优选择，或对金融商品进行组合投资，以降低和分散风险。

6.宏观调控功能

金融市场被称为国民经济的"晴雨表"，也被称为企业价值的"晴雨表"，是国民经济及企业经济的信号系统。金融市场也是金融活动集中的地方，是国家进行宏观调控必须选择的场所和渠道。在经济发展需要之时，国家可以利用同业拆借市场、回购市场、外汇市场等，对经济发展进行宏观调控。在国家对金融市场的调控中，实施者主要是中央银行，调控对象主要是货币供求关系或利率、汇率水平，调控目的是通过金融市场上利率、汇率的变化引起金融市场主体的行为变化，进而引起整个社会经济主体的行为变化，从而调节国民经济的运行。

（二）金融市场的构成要素

金融市场作为现代经济体系的核心组成部分，其构成要素犹如精密仪器的零部件，相互协作、相互影响，共同维持着金融市场的高效运转。以下将从交易主体、交易对象、组织方式以及交易价格四个关键要素进行深入探讨。

1.交易主体：金融市场的多元参与者

金融市场的交易主体涵盖了各类经济实体，它们在市场中扮演着资金供给者与需求者的双重角色，共同构成了金融市场的活力源泉。

居民个人在金融市场中占据着重要地位。在全球范围内，居民往往是金融市场最大的资金提供者。居民在满足日常消费后，会将闲置资金存入银行、购买债券、股票或保险单等金融工具，从而为金融市场注入大量资金。与此同时，当居民面临收入不足或需要购买高价值耐用消费品时，也会成为资金需求者，通过向银行贷款或转让有价证券等方式筹集资金。

工商企业在金融市场中既是资金的供给者，也是主要的需求者。企业在生产经营过程中会产生暂时闲置的资金，如公积金、折旧、未分配盈余等，这些资金可通过存入银行或购买有价证券的方式回流至金融市场。然而，企业在扩大生产、进行固定资产投资或技术改造时，又需要大量资金，因此会通过银行借贷、票据贴现、发行股票和债券等途径从金融市场获取资金。

各类金融机构在金融市场中扮演着桥梁和媒介的角色。商业银行等间接金融机构通过吸收公众存款、向中央银行申请再贴现和再贷款等方式筹集资金，成为市场中的债务人；同时，它们又通过发放贷款和办理贴现业务将资金运用出去，扮演债权人的角色。证券公司、投资银行等直接金融机构则主要通过证券承销、代理客户买卖证券等业务，促进资金从盈余方向赤字方的直接流动。其他金融机构也以各自的方式参与资金的融通，为金融市场的运行提供支持。

政府部门在金融市场中也具有特殊地位。政府在收支过程中可能会出现资金闲置，这部分资金成为金融机构的短期资金来源。但在更多情况下，政府作为赤字单位，会通过发行国库券、中长期公债券等方式筹集资金，以调节财政收支不平衡、弥补财政赤字或用于经济建设项目。

中央银行作为金融市场的重要参与者，其目的与其他主体有所不同。中央银行参与金融市场交易，主要是为了实施货币政策，通过买卖政府公债、外汇等手段，调节货币供应量，稳定汇率，维护金融市场的稳定与健康发展，而非为了获取资金或盈利。同时，中央银行还承担着金融市场监管者的职责，确保市场秩序的正常运行。

2. 交易对象：金融工具的关键作用

金融市场的交易对象本质上是货币资金，但在实际交易中，货币资金的转移通常借助金融工具来实现。金融工具作为证明债务债权关系的合法凭证，具有法律效力和规范化的书面格式，是金融交易得以顺利进行的重要载体。

金融工具种类繁多，适应了不同交易需求。例如，汇票和本票适用于短期融资，债券和股票则主要用于长期融资。这些金融工具的存在不仅使金融交易成为可能，而且其不断创新推动了金融市场的持续发展和完善。随着金融市场的演进，新的金融工具不断涌现，满足了市场参与者日益多样化的需求，同时也提高了金融市场的效率和灵活性。

3. 组织方式：金融市场的独特架构

金融市场的组织方式与一般商品市场和要素市场存在显著差异。商品市场主要涉及有形商品所有权的转移，多为传统的有形市场；而金融市场的交易对象是特殊的货币资金，其使用权的转移具有较强的抽象性。在现代金融市场中，随着信息技术的飞速发展，尤其是计算机技术的广泛应用，大多数金融市场的组织方式借助电讯手段实现，这使得交易更加高效快捷，突破了时间和空间的限制。无论是证券交易、资金融通还是外汇买卖，电讯技术的运用都极大地提高了金融市场的运行效率，降低了交易成本，促进了金融市场的全球化发展。

4.交易价格：金融市场的核心信号

交易价格是金融市场的核心要素之一，它直接影响着市场参与者的利益分配，引导着资金的流向。金融市场的交易价格主要包括各种利率、汇率和有价证券价格等。

利率在金融市场中具有多种形式，如存贷款利率、回购利率、贴现率、同业拆借利率等。由于货币资金的流动性和同质性，各种利率之间相互关联、相互影响，形成了复杂的利率体系。债券市场和股票市场的交易价格通常与市场利率呈反向变动关系，市场利率上升时，债券和股票价格往往下降；反之则上升。汇率则是外汇市场的交易价格，它反映了不同货币之间的兑换比率，受到宏观经济因素、国际收支状况、货币政策等多种因素的影响。

一个有效的金融市场必须具备高效的价格运行机制，以确保金融资产的合理优化配置。合理的交易价格能够准确反映市场供求关系和资产的内在价值，引导资金流向最具效益的领域，促进资源的有效配置，提高整个经济体系的运行效率。

（三）金融市场的类型划分

第一，根据交易期限划分，分为货币市场和资本市场。货币市场是指期限在一年以内的短期货币资金借贷或短期金融商品交易的市场。货币市场主要有同业拆借市场、债券回购市场、国库券市场、票据市场、大额可转让定期存单市场等。资本市场是指期限在一年以上的长期资金借贷或长期金融商品交易的市场。资本市场主要有股票市场、长期债券市场等。资本市场一般具有期限长、风险大、收益高的特点。

第二，根据交易性质划分，分为一级市场和二级市场。一级市场又称发行市场或初级市场，是指金融商品的发行者将金融商品转让给投资者并获得资金的交易市场。二级市场又称流通市场或次级市场，是指已发行的金融商品流通转让的市场。

第三，根据交割方式划分，分为现货市场和远期市场。现货市场是即期交割的市场，是指金融商品成交后在比较短的时间内（一般为三个交易日以内）进行交割的市场。远期市场是指金融商品成交后，交易双方约定在未来某个特定时间进行交割的市场。

第四，根据交易范围划分，分为国内金融市场和国际金融市场，国内金融市场是指市场交易范围限于一国国内，它包括全国性金融市场和地方性金融市场。国际金融市场是指市场交易范围突破一国的界限，金融商品在不同国家进行交易的市场。

二、金融工具

金融工具是由债务人发行的借以保证债权人或投资人权利的凭证。金融工具是资本或资金的载体，资金或资本借助这一载体实现由供给者向需求者的转移。它既是金融资产，也是金融市场上的交易对象。

（一）金融工具的特征

1. 偿还性

偿还性是指债权人必须按金融工具所记载的时间偿还债务，同时投资者可依据金融工具的记载收回债权。除股票外，其他金融工具的债权人或投资人都可按信用凭证所记载的应偿还债务的时间，到期收回债权金额。对金融工具的持有人而言，其偿还期应从持有该金融工具之日开始至到期日止。

2. 流动性

流动性，即金融工具的变现性。它是指金融工具迅速变为货币而不受损失的能力。金融工具能否顺利出售变现、收回投资，受金融市场是否健全的影响。例如只有发行市场，没有流通市场，金融工具就没有变现能力。能够随时出售换回货币资金的金融工具，其流动性强，如国库券和银行活期存单等，在短期内不易变现的金融工具，其流动性较差。有些金融工具在变现时受金融市场波动影响，持有人承担的风险较高。一般而言，流动性与偿还期成反比，与债务人的信用成正比，即偿还期越长，流动性越差，而债务人的信用越好，流动性便越强。

3. 风险性

风险性是指金融工具的本息遭受损失的可能性，其风险分为两大类：一类是信用风险，即债务人不履行契约，不按事先约定归还本息，不履行应尽义务。这类风险的大小，既与债务人的信用有关，也与金融工具的类别有关。如债券、股票风险不相同，普通股与优先股也存在风险差别。另一类风险是市场风险，即市场因各种原因出现波动，导致金融工具价格下跌的风险。如市场利率上升，股票价格会下跌，股票持有者的收益就会减少甚至亏损。

一般而言，金融工具的风险性与偿还期成反比，即偿还期越短，信用风险和市场风险越低；金融工具的风险与流动性成正比，即流动性越好，风险越低；金融工具的风险与发行人的信用成反比，即发行人的信用越好，风险越小，反之就越高。

4. 收益性

收益性是指金融工具能定期或不定期地给持有者带来收益。金融工具的收益通常有两种：①固定收益，如债券、存单，在券面上就标明了利率，投资者按约定获得利息收入；②非固定收益，如股票，其收益大小事先不确定，持有人有权根据股份企业的经营状况取得分红，或在流通市场上通过出售股票获得价差收益。金融工具收益的大小通常用收益率来衡量。

金融工具的收益性，一般与偿还期成正比，即偿还期长，收益高，反之收益低；与流动性成反比，即流动性好，收益，反之收益高；与风险性成正比，即风险高，收益高，反之收益低。作为投资者，必须根据自己的投资目的、财务状况、心理承受能力及对市场的分析预测能力，选择不同的金融工具，实现收益与风险合理配比。

（二）金融工具的类型划分

1. 根据发行者的地位划分

（1）直接金融工具。直接金融工具主要由非金融机构发行和签署，包括工商企业、个人和政府。这些工具在直接金融市场上进行交易，主要包括商业票据、股票、企业债券和抵押契约等。直接金融工具也被称为直接融资工具，它们是资金需求者直接从资金供给者处获取资金的手段。

直接金融工具的市场表现出了较强的活力和竞争力。随着我国金融市场的不断发展，直接金融工具的种类和规模也在不断扩大。股票市场和债券市场作为直接金融工具的主要交易场所，为企业和个人投资者提供投资机会。同时，商业票据和抵押契约等直接金融工具在促进中小企业融资和民间借贷方面发挥着重要作用。

（2）间接金融工具。间接金融工具主要由金融机构发行，包括银行券、存单、人寿保险单、各种借据和银行票据等。间接金融工具也被称为间接融资工具，它们在间接金融市场上进行交易。

间接金融工具在金融市场中具有独特的地位和作用。首先，金融机构通过发行各种间接金融工具，为资金需求者提供便捷的融资渠道。其次，间接金融工具的投资收益相对稳定，受到众多投资者青睐。最后，间接金融工具有助于调节金融市场的流动性，维护金融稳定。

总之，直接金融工具和间接金融工具在金融市场中各具特色，共同发挥着资金配置和风险分散的功能。随着我国金融市场的深化改革，直接金融工具和间接金融工具的发展将不断壮大，为实体经济提供更有力的支持。同时，我国政府也在加大对金融市场的监管力度，确保金融市场的健康有序发展。在这样的背景下，人们有理由相信，直接金融工具和间接金融工具将携手共进，为我国经济的持续发展注入源源不断的活力。

2. 根据金融市场交易的偿还期划分

（1）长期金融工具。长期金融工具主要是指在金融市场上，投资者和筹资者双方约定的偿还期限在一年以上的金融产品。这类金融工具具有较长的投资期限和较高的风险收益特征，通常用于筹集企业和政府部门的长期投资项目资金。长期金融工具的代表性产品包括长期国债、企业债券、优先股等。

（2）短期金融工具。短期金融工具是指在金融市场上，投资者和筹资者双方约定的偿还期限在一年以内的金融产品。这类金融工具具有较短的投资期限和相对较低的风险，通常用于满足企业和政府部门短期资金需求以及投资者短期投资需求。短期金融工具的代表性产品包括短期国债、商业票据、银行承兑汇票等。

长期金融工具和短期金融工具在金融市场上发挥着不同的作用。长期金融工具为企业和政府部门提供长期资金来源,有利于推动国民经济的发展;而短期金融工具则为企业和政府部门提供短期资金调节手段,有助于维持金融市场的流动性。同时,投资者可以根据自身的投资目标和风险承受能力,选择适合的金融工具进行投资,从而实现资产配置的多样化。

在我国金融市场中,长期金融工具和短期金融工具的交易规模逐年扩大,反映出我国金融市场的日益成熟和金融体系的稳健发展。政府和企业通过金融市场筹集资金,为我国经济增长提供有力支持。未来,随着金融市场改革的深化和金融产品的不断创新,长期金融工具和短期金融工具在金融市场中的作用将更加重要。

3. 根据是否拥有所投资产的所有权划分

(1)债务凭证。债务凭证是一种金融工具,它代表了借款人(债务人)向债权人(投资人)承诺按一定利率支付利息并到期偿还本金的债权关系。债务凭证主要包括债券、商业票据、银行承兑汇票等。投资者通过购买债务凭证,成为债权人,享有借款人按约定支付的利息和到期偿还的本金。在这种投资方式中,投资者并不拥有所投资产的所有权,而是享有债权。

(2)所有权凭证。所有权凭证是指证明投资者拥有某项资产所有权的文件。投资者通过购买所有权凭证,成为某项资产的拥有者,享有资产所带来的收益和价值增值。所有权凭证主要包括股票、基金、房地产、黄金等。在这种投资方式中,投资者虽然拥有资产的所有权,但也承担相应的风险。

债务凭证和所有权凭证在投资性质、收益方式和风险程度上存在明显差异。债务凭证投资主要关注借款人的信用状况和还款能力,收益相对稳定,但风险较低;所有权凭证投资则关注资产本身的运营状况、市场环境和价值变化,收益潜力较大,但风险也较高。投资者在选择投资方式时,需结合自身风险承受能力、投资目标和市场状况进行综合考虑。

(三)金融工具的常用形式

1. 支票

支票是无条件支付命令书。它是活期存款客户指令开户银行从其账户上支付一定金额给收款人或持票人的。支票的类型划分方式如下:

(1)根据是否记载收款人的名称分为记名支票和无记名支票。记名支票是指银行只能对支票上所指定的人付款，这种支票的收款人可以是支票上记载的收款人，也可以是支票上的被背书人。无记名支票是一种来人支票或非抬头支票，即不记载收款人的名称，银行可对任何持票人付款。

（2）根据支付方式可分为现金支票、转账支票和保付支票。现金支票，可以用来支取现款，也可以转账。转账支票，只能用于转账，不能提取现款，常在票面用两条红色平行线来表示，故又称划线支票、平行线支票或横线支票。保付支票，票面上注明"保付"字样，由银行保证付款，不会发生退票。

在经济发展的初期，银行券（现金）流通广泛，但随着银行业的发展，以银行为中心的结算网络建立，支票流通发展迅速，在结算金额中占有很大比重。在信用制度发达的国家，绝大部分商品交易和债权债务关系通过支票转移存款予以结清。

2. 汇票

汇票是出票人签发给付款人，命令付款人支付一定金额给收款人或持票人的无条件支付命令书。汇票按出票人不同分为商业汇票和银行汇票。出票人是企业的称为商业汇票，出票人是银行或金融机构的称为银行汇票。

商业汇票通常是由债权人出票，用来命令债务人付款，因此汇票必须在债务人承认兑付后，债务人才承担付款责任。承认兑付汇票款项的行为叫承兑，经过承兑的汇票，叫承兑汇票。商业汇票根据承兑人不同，分为银行承兑汇票和商业承兑汇票。银行承兑汇票是银行或金融机构作为承兑人，商业汇票是企业作为承兑人。承兑人在法律上是票据的主债务人，即第一付款责任人，因此银行承兑汇票的信用要高于商业承兑汇票的信用。

银行汇票属银行票据，是商业汇票的对称，是指由银行签发的一种异地支付凭证。银行汇票是票汇方式使用的票据。汇款人将款项交当地银行，银行收妥款项后，签发汇票给汇款人，由汇款人持往异地或邮寄给收款人，持票人向汇票指定银行出示汇票以办理转账结算或向该指定银行提取现金。

3. 本票

本票是由出票人签发并在约定日期无条件支付一定金额给受票人的一种信用凭证。本票只有两个当事人，由出票人本人付款，所以本票无须承兑。本票的类型划分如下：

（1）商业本票。商业本票是企业因临时资金周转需要，在货币市场上筹措短期资金时发行的一种票据。商业本票的特点有三个：一是发行仅限于资金实力雄厚、信用良好企业使用；二是商业本票利率与银行短期贷款利率联系密切；三是商业本票二级市场很弱。商业本票由于偿还期短，所以一般投资者很少进行转让。

（2）银行本票。银行本票是由银行签发的，以出票银行自己为付款人，承诺见票或在票据到期日无条件向收款人支付一定金额的票据。银行本票是一种支付凭证，是建立在出票银行信用基础之上的票据，一般用于同城结算，具有通货作用，可以减少现金的收付、清点工作，为经济活动提供方便。

4.债券

债券是由债务人签发的，证明债权人有按约定的条件取得固定利息并收回本金的权利凭证。债券是债权债务关系的证明，债券持有人是债权人，债券发行者是债务人。在债券未到期以前，持有人若需要资金，通常可在流通市场上出售和提前兑付，使之转化为现款。债券的市场价格通常称之为债券行市，它取决于债券的市场供求关系和市场利率的变化。债券的类型划分如下：

（1）根据债券发行主体不同，分为政府债券、企业债券和金融债券。

第一，政府债券。它是国家（政府）的金融工具，是政府为筹集资金而发行的债务凭证，包括公债券、国库券和地方债券。

一是公债券。公债券是政府承担还款责任的债务凭证。政府发行公债的目的是弥补财政赤字。由于它以中央政府的信用为担保，通常被认为没有风险。一般政府发行的公债，票面上都印有政府偿还债务期限、利息率，并在公债上附有息票，持有人可按期领取利息。

二是国库券。国库券是一国政府发行的债务凭证，与公债没有本质区别。国库券通常为一年以内的政府短期债务凭证。国库券一般不记名，票面只有本金金额，不记载利息率，出售时按面额打折扣发行，到期政府按票面金额足额还本，其发行价格与面值的差额为国库券的利息。政府发行国库券主要用于解决财政年度内先支后收的矛盾，但由于可以连续发行，国库券成了公债的变形。国库券是各个货币市场上的主要交易工具，因为它安全性高、期限短、风险小。在二级市场上的交易也十分活跃，变现非常方便。

三是地方债券。地方债券是由地方政府发行的债券，其目的是满足地方财政的需要，或集资兴办地方公共事业。地方债券的还本付息依赖于地方税收，其性质和中央政府债券无本质区别，但地方政府债券信用比中央政府债券的信用差。

第二，企业债券。它是由企业发行的筹集资金的一种债务凭证。发行债券的企业出售债务凭证，向债券持有人承诺在约定的时间，按票面记载利率还本付息。

企业债券筹资是企业资金来源之一。企业债券期限一般较长，如十年、二十年，企业发行债券必须有明确的用途。企业债券的流动性和安全性均不及政府债券和金融债券，利息率较高。企业发行债券的手续比发行股票简单、灵活。如果采取私募发行办法，甚至不用报主管机关批准、审核。在通货膨胀的情况下，企业按固定利率付息，把通货膨胀的损失转嫁给持券人。各国法律对发行企业债券都有一些限制性规定。比如，对企业发行企业债券额度的限制规定，这个额度一般最多不得超过企业现有资产与现有负债相抵后的净资产额。如果企业过去发行的企业债券有违约或推迟支付利息的情况，一般不准再发行新的企业债券。

第三，金融债券。它是由银行等金融机构发行的债券。银行等金融机构除通过吸收存款、发行大额可转让存单等方式增加资金来源外，在有特定用途的情况下，经有关部门批准，还可以通过发行债券的方式来获得资金。一般同期金融债券的利率高于国债利率低于企业债券利率，但金融债券的风险也介于二者之间。一些实力雄厚的大银行的金融债券因为收益高、风险，很受市场欢迎。

（2）根据债券的偿还期限不同，分为短期债券、中期债券和长期债券。

第一，短期债券。短期债券通常是指那些偿还期限在一年或一年以内的债券。这类债券往往被视为较为安全，因为它们提供较短的投资期限和相对稳定的现金流。对于希望保持资金流动性和灵活性的投资者来说，短期债券是一个理想的选择。

第二，中期债券。中期债券的偿还期限通常介于一年到十年之间。这类债券在风险和回报之间提供一个平衡点。它们通常提供比短期债券更高的收益率，但同时要求投资者承担更长时间的资金锁定。中期债券适合那些寻求稳定收益并能够接受中等程度风险的投资者。

第三，长期债券。长期债券的偿还期限通常超过十年，甚至可能达到三十年或更久。这类债券提供最高的潜在收益率，但同时也带来较高的利率风险。由于长期债券的投资期限较长，它们对市场利率变化的反应更为敏感。因此，长期债券更适合那些能够承受较高风险并寻求长期稳定收益的投资者。

在选择债券时，投资者需要综合考虑自己的投资目标、风险承受能力和资金需求等因素。通过了解不同类型债券的特点和风险，投资者可以制定出更加符合自身需求的债券投资策略。

（3）根据债券是否有担保，分为担保债券和信用债券。

第一，担保债券。担保债券，也称抵押债券，它是以某种抵押品（如土地、房屋建筑、设备等）为抵押而发行的。当债务人不能按期支付利息和本金时，持有人可以将抵押品出售。近几年，随着资产证券化业务的开展，以债权作为担保发行的债券也逐年增加，这类债券也称资产支持债券。

第二，信用债券。信用债券完全是凭发行者的信用发行的，没有任何担保。为保护投资者的利益，信用债券的发行人要拥有较高的资信。

（4）根据债券的利率是否固定，分为固定利率债券和浮动利率债券。

第一，固定利率债券。固定利率的债券在债券偿还期内，利率是固定不变的，利息按发行时约定的利率支付。

第二，浮动利率债券。浮动利率债券是指在债券偿还期内按照约定时间间隔根据选定的基准利率进行上浮或下浮。一般中长期债券采用浮动利率发行，短期债券采用固定利率发行。

（5）根据债券的利息支付方式，分为息票债券和折扣债券。

第一，息票债券。息票债券是一种附有各期息票的债券，上面载有付息的时间和金额，付息日到时持有人可凭息票兑付利息，俗称"剪息票"。息票债券也可转让。一般分期付息债券可采用息票债券形式。

第二，折扣债券。折扣债券是指以低于面值的价格发行，即采取折价发行的债券，债券面值与出售价格的差价就是债券的利息。

5. 股票

股票是股份企业发给股东以证明其入股的资本额并有权取得股息和红利的书面凭证，是资本市场借以实现长期投融资的工具。股票的持有者是股份企业的股东，也是股份企业的所有者，他们在法律上有参加企业管理的权利。股票持有人无权向企业要求撤回股金，但可以把股票转让（出售）给他人。股票的种类如下：

（1）普通股票。它是股票中最普遍和最主要的形式。普通股票的持有者，其权利主要有：①经营参与权。这一权利主要通过股东大会来行使，并反映在股东的选举权、被选举权、发言权和表决权上。②盈余和剩余财产的分配权。当企业盈利时，股东有权取得相应的股息，但在分配次序上，要在支付工资、借贷款项、债券利息、法定公积金和优先股股息之后。③优先认股权。当企业增发普通股票时，现有的股东可优先购买新发行的股票，以维持他们在该企业的持股比例，保持其对企业原有的控制权。也可以出售认股权，收取一定的费用后，把认股权交给其他人行使。如果认为认股无利可图，也可以不认股，使认股权过期失效。

（2）优先股票。它是一种股东有优先于普通股分红和资产求偿权的股票。此种股票的股息收益一般是事先确定的。优先股票有累积性和非累积性之分。累积性股票可以把每年支付的股息累积下来，到一定时间后一起支取。非累积性股票每年支付的股息不能积存在下一年，股份企业每年必须如数偿清股息。优先股票是介于债券和股票之间的一种金融工具。

第二节　金融机构的类型解读

金融机构，也叫金融中介或金融中介机构，是指主要以货币资金为经营对象，专门从事货币信用、资金融通、金融交易及相关业务的专业化组织机构。金融市场上的各种金融活动都要借助于一定的金融机构来完成，金融机构是金融市场不可或缺的中介主体。金融机构通过为金融活动提供相关服务，使得资金供需双方资金融通的安全性、流动性和收益性进一步加强，是专业化的融资中介人。金融机构有时自身也直接从事金融活动。现代社会中的金融机构都是具有法人资格的组织机构。

一、银行类金融机构

（一）中央银行

中央银行习惯上也称货币当局，在一国金融体系中居于核心和主导地位。中央银行对内代表国家，负责制定和执行国家的货币政策，通过控制货币流通与信用活动对国民经济实行宏观调控，实现稳定物价、充分就业、经济增长和国际收支平衡等宏观经济目标，对整个金融体系实行领导、管理和监督，维护金融体系的安全运行。作为一国金融体系的核心，中央银行不经营一般的银行业务，不以盈利为目的，只为政府和金融机构提供金融服务。中央银行是发行的银行、政府的银行、银行的银行。对外它是一国货币主权的象征。

（二）商业银行

商业银行是各国金融机构体系中的主体，以经营工商业存放款为主要业务，并为客户提供多样化的金融服务。商业银行由于其机构数量多、业务面广，越来越成为国民经济不可或缺的部分，尤其是它的支付结算业务，在加快资金周转的同时也带来商品经济的快速发展。由于商业银行在金融体系中是最早发展起来的，其组织形式多种多样，其中较多以股份制形式存在，最具代表性。

（三）专业银行

专业银行是专门经营指定范围的金融业务和提供专门性金融服务的银行。专业银行是社会分工发展在金融领域中的具体表现。随着社会分工的不断发展，要求银行必须具有某一方面的专门知识和专门职能，从而推动着各式各样的专业银行不断出现。世界各国专业银行种类甚多、名称各异，这里介绍其中主要的几种。

1. 储蓄银行

储蓄银行是专门办理居民储蓄存款业务，并以居民储蓄存款为主要资金来源的专业银行。

储蓄存款的金额虽比较零星分散，但存款期限比较长，流动性较小，存款余额较为稳定，因此主要用于长期信贷和长期投资，如发放不动产抵押贷款，投资政府债券、企业债券及股票等，也可以转存商业银行。大多数国家对储蓄银行有专门的管理法令，其主要内容一方面旨在保护小额储蓄人的利益，另一方面则是规定这些储蓄银行所集聚的大量的资金应该投向何处，如有些国家明文规定储蓄银行须投资于政府债券的比例。在过去，储蓄银行的业务活动受到诸多限制，如不能经营支票存款，不能经营一般工商贷款。但随着金融管制的放松，储蓄银行的业务在不断扩大。

2. 不动产抵押银行

不动产抵押银行是指专门从事以土地、房屋和其他不动产为抵押的长期贷款业务的银行。抵押银行的资金，主要是发行不动产抵押债券募集而来的。其长期贷款业务可分为两类：一类是以土地为抵押品的长期贷款，贷款的对象主要是土地所有者或购买者；另一类是以城市不动产为抵押品的贷款，贷款的对象主要是房屋所有者或建筑业的经营者。由于不动产抵押品常因处理时不易出售，易造成资金占压，因而不少抵押银行也开始经营一般信贷业务，而商业银行正大量涉足不动产抵押贷款业务。这种混业经营呈加强趋势。

3. 农业银行

农业银行是指在政府指导和资助下设立的专门经营农业信贷的政策性银行。由于农业受自然条件影响大；农户分散，对资金需求数额小，期限长，利息负担能力有限；抵押品集中管理困难，大多数贷款者只能凭个人信誉，故农业信贷风险大、期限长、收益低。一般商业银行和其他金融机构不愿经营农业信贷。为此，许多国家专门设立以支持和促进农业发展为主要职责的农业银行，以满足政策性融资需要。农业银行的资金来源主要有政府拨款、存款的吸收、各种股票和债券的发行。农业银行的贷款业务范围很广，几乎包括农业生产过程中的一切资金需要。由于农业贷款风险大、期限长、收益低，大多数西方国家对农业银行贷款给予贴息或税收优待。

目前世界上许多国家均设有农业政策性银行。农业银行在不同国家有不同的名称，如美国称为联邦土地银行、法国称为农业信贷银行、德国称为农业抵押银行、日本称为农林渔业金融公库等，我国称为中国农业发展银行。

二、非银行类金融机构

随着各国金融自由化进程的加快，非银行类金融机构的发展非常迅速，在金融体系中，非银行类金融机构的重要性和地位不断提升。非银行类金融机构比较庞杂。

（一）证券机构

证券机构包括证券经营机构和证券服务机构两类。证券经营机构指专营证券业务的金融机构，证券服务机构指为证券市场提供相关服务的法人机构。下面我们主要学习证券企业。证券企业是指依照企业法的规定，经国家主管机关批准设立的专门从事证券经营业务的企业法人，证券企业是我国证券经营机构的主要表现形式。

证券企业是证券市场重要的中介机构，在证券市场的运作中发挥着重要作用。当前，证券企业在证券市场上的功能是为需要资金的单位包括企业和政府部门提供筹集资金的服务，以及充当投资者买卖证券的经纪人和交易商。设立证券企业应当具备下列条件：①有符合法律、行政法规规定的企业章程；②主要股东具有持续盈利能力，信誉良好，最近三年无重大违法违规记录，净资产不低于人民币两亿元；③有符合规定的注册资本；④董事、监事、高级管理人员具备任职资格，从业人员具有证券从业资格；⑤有完善的风险管理与内部控制制度；⑥有合格的经营场所和业务设施；⑦法律、行政法规规定的和经国务院批准的国务院证券监督管理机构规定的其他条件。

证券企业从它成立时起就按照现代企业制度来规范管理，以使证券企业能够成为具有一定规模的，产权清晰、风险自负、权责分明、管理科学的现代企业，担负起证券企业在证券发行与交易中的责任。

证券企业的业务主要有：证券承销业务、经纪业务、自营业务、咨询业务、资产管理业务、融资融券业务、债券回购业务等。

（二）保险机构

保险是以社会互助的形式，对因各种自然灾害和意外事故造成的损失进行补偿的一种方式。保险企业是指依法设立的、专门经营各种保险业务的金融机构。保险企业根据风险分散原理，将社会经济生活中的个别风险，通过保险机制分散于多个经济主体，以保证社会经济生活的稳定。

1.保险企业的功能

保险企业在承保风险过程中，具有独特的社会功能和重要的经济功能。

（1）提供经济补偿的社会功能。经济补偿功能，即保险企业对投保人在意外事故中遭受的经济损失和人身伤害，按照保险合同的规定给予一定的经济补偿或给付，将少数人的损失分散给众多的被保险人共同承担。

（2）融通资金的经济功能。融通资金功能，即在聚集资金的同时，对保险资金进行多样化的投资运作，为金融市场提供大量资金，支持国民经济的发展。

2. 保险企业在经济运行中的作用

保险企业在经济运行中发挥着重要的作用，可以概括为：

（1）聚集风险、分散风险、降低个体损失。保险企业作为风险的管理者，可以将众多个体投保人的风险集中起来，然后运用特有的风险管理技术将其予以分散和转移，并在约定范围对出险的投保人进行一定经济补偿，这就降低个体投保人在经济运行中所承担的风险和损失。

（2）融通长期资金、促进资本形成、重新配置资源。保险企业的资金运作与信贷资金、资本市场融资之间保持着密切联系，由于保险资金在一般情况下比较稳定，所以保险企业可以进行多样化的投资运作。那么在这个过程中，保险企业作为机构投资者向金融市场提供大量资金，并促进储蓄资金向生产性资金的有效转化，对资本市场融资及其社会资源的优化配置发挥着重要作用。

（3）提供经济保障、稳定社会生活。保险企业为企业、居民家庭和个人提供预期的生产和生活保障，解决企业或者居民家庭后顾之忧，促进国民经济平稳有序发展。

（三）信托机构

信托是指财产的所有者（自然人或法人）为本人或他人的利益，将其财产交与受托人，委托受托人根据一定的目的对财产作妥善的管理和有利的经营的一种经济行为。在西方国家，信托制度是一项重要的财产管理制度。

信托机构是从事信托业务、充当受托人的法人机构。其职能是财产实务管理，即接收客户委托，代客户管理、经营、处置财产。

（四）政策性金融机构

政策性金融机构是指那些由政府或政府机构发起、出资创立、参股或保证的，不以利润最大化为经营目的，在特定的业务领域内从事政策性融资活动，以贯彻和配合政府的社会经济政策或意图的金融机构。

政策性金融机构的建立旨在支持政府发展经济，促进社会全面进步。世界各国都根据各自发展需要建立了相关的政策性金融机构，如一些国家为了减少银行不良资产而成立的金融资产管理企业，一些国家为了防止存款人的资金遭受损失而成立的存款保险企业。这些政策性金融机构都属于专业性金融机构。

1994 年以前，我国没有专门的政策性金融机构，国家的政策性金融业务分别由当时的四家国有专业银行承担。1994 年，我国组建了三家政策性银行：国家开发银行、中国进出口银行和中国农业发展银行。这三家政策性银行都是直属国务院领导的政策性金融机构，实现政策性金融和商业性金融的分离，为建立社会主义市场经济条件下真正自主经营的国有商业银行创造条件。同时，以政策性银行的业务来引导社会投资方向，实现经济资源的合理配置。

2008 年 12 月 16 日，经国务院批准，国家开发银行整体改制成国家开发银行股份有限公司。国家开发银行股份有限公司成为第一家由政策性银行转型而来的商业银行，标志着我国政策性银行改革取得重大进展。

（五）金融租赁企业

金融租赁企业是专门经营融资租赁业务的金融机构，是租赁设备的物主，通过提供租赁设备而定期向承租人收取租金。将自己的物件借给他人收取费用称为租，借他人的物件而支付费用称为赁。租赁是所有权和使用权之间的一种借贷关系。金融租赁企业开展业务的过程是租赁企业根据企业的要求，筹措资金，提供以"融物"代替"融资"的设备租赁。在租期内，作为承租人的企业只有使用租赁物件的权利，没有所有权，并要按租赁合同规定，定期向租赁企业交付租金；租期届满时，承租人向租赁企业交付少量的租赁物件的名义货价（即象征性的租赁物件残值），双方即可办理租赁物件的产权转移手续。

按国际通行的划分标准，租赁业务分为融资租赁、经营租赁及综合租赁三大类。融资租赁是指当企业需要添置某些设备而又缺乏资金时，由出租人代其购进或租进所需设备，然后再出租给承租单位使用的租赁方式，其具体形式有直接购买租赁、回租租赁、转租赁和杠杆租赁。

我国的融资租赁机构是在 20 世纪 80 年代开始出现并发展起来的。1981 年 7 月，中国国际信托投资公司与内资机构合作成立了我国第一家融资租赁企业——中国租赁有限公司。目前，经过增资扩股后正常经营的金融租赁企业有 12 家，它们主要从事公交、城建、医疗、航空、IT 等产业。根据 2007 年 3 月 1 日实施的《金融租赁公司管理办法》的规定，经中国银监督会批准，金融租赁公司可以经营融资租赁业务，吸收股东 1 年期（含）以上定期存款，接受承租人的租赁保证金，向商业银行转让应收租赁款，经批准发行金融债券，同业拆借，向金融机构借款，境外外汇借款，租赁物品残值变卖及处理业务，经济咨询，国家金融监督管理总局批准的其他业务等 11 项全部或部分本外币业务。

（六）财务企业

在我国，财务企业是"企业集团财务企业"的简称，是应企业集团发展之需，由企业集团内部各成员单位入股，向社会募集中长期资金的金融股份有限企业。中国的企业集团财务企业产生于 20 世纪 80 年代中后期，是具有中国特色的为企业集团发展配套的非银行金融机构，实质上是大型企业集团附属的金融企业，如中国电力财务有限公司、中航工业集团财务有限责任公司等。财务企业在业务上受国家金融监督管理总局监管，在行政上则受各企业集团领导，是自主经营、自负盈亏、独立核算的企业法人。中国的财务企业都是由企业集团内部集资组建的，其宗旨和任务是为本企业集团内部各企业筹资和融通资金，促进其技术改造和技术进步。

中国的企业集团财务企业的业务范围覆盖银行、投资和咨询等多个领域。除去对资金的来源有所限制外，其资金运作空间大于银行、基金和证券企业。因此，部分依托于实力雄厚的企业集团、运作经验丰富的财务企业，其发展空间极为广阔。

（七）基金组织

基金组织是指筹集、管理、运用某种专门基金的金融机构。比较重要的基金组织有三类，即养老基金组织、共同基金组织和货币市场互助基金。

1. 养老基金组织

养老基金组织是向参加养老基金计划的企业雇员以年金形式提供退休收入的金融机构。其基金来源是政府部门、雇主的缴款及雇员个人自愿缴纳的款项、运用基金投资的收益。由于养老基金是按事先商定的数额提取的，其支付完全可以预测，需要的流动性很低，所以，像人寿保险企业一样，养老基金组织多投资于股票、债券及不动产等高收益资产项目。

2. 共同基金组织

共同基金组织也可称为投资基金组织或投资企业，它是一种间接的金融投资机构或工具，其运作方式是通过发行基金证券，集中许多小投资者的资金投资于多种有价证券，投资者按投资的比例分享其收益并承担相应的风险。

投资基金有许多种类型，按其是否可赎回分为开放型基金和封闭型基金；按组织形态不同可分为企业型基金和契约型基金；按风险与投资不同可分为积极成长型基金、成长型基金、成长及收入型基金、平衡型基金、收入型基金等；按投资对象不同可分为股票基金、债券基金、指数基金、期货基金等。

3. 货币市场互助基金

货币市场互助基金既具有一般共同基金组织的特征，又在一定程度上发挥着存款机构的功能。像大多数共同基金一样，它依靠出售股份获取资金，然后把资金投资于既安全又富有流动性的货币市场金融工具，如短期国债等，再把这些资产的利息收入付给股份持有者。这类货币市场共同基金的一个关键特征是，股份持有者可以根据他们股份持有额的价值来签发支票。基金股份就如同支付利息的支票存款，只是在签发支票的特权方面有些限制。

（八）投资银行

投资银行是专门对工商企业办理投资和长期信贷业务的银行，是全球经济发展的核心动力。它们在资本市场上扮演着至关重要的角色，为企业和政府提供融资、并购、重组等一系列复杂而精密的服务。在这个充满机遇与挑战的世界里，投资银行如同巨大的金融引擎，推动着资本的流动和配置。它们通过发行股票和债券，帮助企业筹集资金，实现扩张和增长。同时，投资银行也协助政府进行财政管理，优化公共资源的配置。

除了传统的融资服务外，投资银行在并购市场中也发挥着举足轻重的作用。当两家企业寻求合并或收购时，投资银行会提供专业的咨询和评估服务，确保交易的顺利进行并实现双方的利益最大化。

此外，投资银行还积极参与到企业的重组和改组中。它们利用自身的专业知识和经验，为企业制定合理的重组方案，提高企业的运营效率和市场竞争力。

三、国际金融机构

国际金融机构是指从事国际金融管理和国际金融活动的超国家性质的组织机构，按地区可分为全球性国际金融机构和区域性国际金融机构。国际金融机构的主要功能如下：①在重大的国际经济与金融事件中协调各国的行动；②提供短期资金，缓解国际收支逆差、稳定汇率；③提供长期资金，促进各国经济发展。随着经济全球化的进程加速，国际金融机构在国际经济和国际金融领域中将发挥更为重要的作用。目前，国际金融机构体系的基本格局是以国际货币基金组织为核心，以世界银行集团为主，区域性国际金融机构并存。

（一）全球性国际金融机构

1. 国际货币基金组织

国际货币基金组织[①]旨在促进全球货币合作、保障金融稳定、促进国际贸易、高就业和可持续的经济增长，并协助建立多边支付系统。作为一个国际组织，IMF 为成员国提供政策建议、技术援助以及短期和中期的财政支援，帮助其解决支付平衡问题。

（1）国际货币基金组织的宗旨。国际货币基金组织的宗旨如下：①通过会员国共同研讨和协商国际货币问题，促进国际货币合作；②促进国际贸易的扩大和平衡发展，并借此提高就业和实际收入水平，扩大会员国资源开发能力；③促进汇率稳定，在会员国之间维持有秩序的汇率安排，避免竞争性的货币贬值；④协助会员国建立针对经营项目的多边支付制度，消除妨碍国际贸易发展的外汇管制；⑤协助会员国改善国际收支状况。

（2）国际货币基金组织的组成方式和机构。国际货币基金组织，是以会员国入股的方式组成的企业经营性质的金融机构。其最高权力机构是理事会，由所有会员国各派一名理事组成，主要决定重大问题，如接纳新会员国、决定基金份额、分配特别提款权、改革国际货币制度等。理事会下设执行董事会负责处理基金组织日常业务。基金组织的重大决策由会员国投票表决。

（3）国际货币基金组织的资金来源。国际货币基金组织的资金主要来源于会员国认缴的基金份额、借款和出售黄金所得的信托基金及有关项目的经营收入。中国是国际货币基金组织的创始国之一，1980 年加入基金组织的工作。

第一，会员国认缴的基金份额。会员国认缴的基金份额是指成员国参加 IMF 时所要认缴的一定数额的款项，是基金组织最主要的资金来源。每个会员国的份额是根据会员国的国民收入、黄金和外汇储备、进出口贸易及其他经济指标来决

---

① 国际货币基金组织（International Monetary Fund，简称 IMF），成立于 1944 年，并在 1947 年正式运作。

定的，具体是按一套较为复杂的方法计算得出的。

第二，借款。借款是指基金组织通过与会员国协商，向会员国借入资金。

第三，出售黄金所得收入。基金组织自 1976 年起，将其所持有的黄金按市价出售，以所得的收益作为建立信托基金的资金来源。

（4）国际货币基金组织主要的日常业务活动。国际货币基金组织主要的日常业务活动是对会员国的汇率政策实施监督，与会员国就经济、金融形势进行磋商和协调，向会员国提供贷款和各种培训、咨询服务。

2. 世界银行集团

世界银行集团目前由国际复兴开发银行、国际开发协会、国际金融公司、多边投资担保机构和国际投资争端解决中心五个会员机构组成。国际复兴开发银行主要为发展中国家提供中长期贷款，国际开发协会专门向低收入国家提供长期贷款，国际金融公司是世界银行对发展中国家私人部门投资的窗口，以上三个机构都是金融机构。

（1）世界银行。世界银行，即国际复兴开发银行（IBRD）[①]，成立于 1945 年，1946 年 6 月开始营业。凡参加世界银行的国家必须首先是国际货币基金组织的会员国。

第一，世界银行的宗旨。①对用于生产目的的投资提供便利，以协助会员国的复兴与开发，并鼓励不发达国家生产与资源的开发；②通过担保或参与私人贷款和私人投资的方式，促进私人对外投资；③用鼓励国际投资和开发会员国生产资源的方法，促进国际贸易长期均衡发展，并维持国际收支平衡；④在提供贷款保证时，应与其他方面的国际贷款相配合。

第二，世界银行也是按股份企业原则。建立起来的企业性金融机构。其最高权力机构是理事会，负责处理日常业务的机构是执行董事会，执行董事会选举一人为行长。

第三，世界银行的资金来源。具体内容包括：①会员国缴纳的股金；②向国际金融市场借款，特别是发行中长期债券；③债权转让；④业务净收益。世界银

---

① 国际复兴开发银行（International Bank for Reconstruction and Development，简称 IBRD），也被称为"世界银行"，主要宗旨是通过提供长期贷款和投资，帮助成员国实现经济复兴和开发所需的资金。此外，它还向成员国提供广泛的技术援助，并派代表团到借款国进行考察，提供咨询服务。世界银行的资金主要来源于各成员国认缴的股金，以及向国际金融市场发行债券和银行收入等。

行的贷款对象为会员国的政府或政府担保的公私机构，主要针对发展中国家。贷款条件比国际金融市场上的条件优惠，期限最长可达30年，采用浮动利率。贷款只能用于特定的工程项目，即项目贷款，在特殊情况下，也发放非项目贷款。

（2）国际开发协会（DA）。国际开发协会（IDA）成立于1960年9月24日，是专门为较贫穷的发展中国家提供赠款和长期优惠贷款的国际金融机构。组织机构与世界银行相似，和世界银行共用一套班子，其理事、执行董事、经理和工作人员都由世界银行相应人员兼任。它也是按股份企业方式组织起来的，投票权的分配与成员国认缴的股金挂钩。国际开发协会的宗旨是通过向不发达国家提供条件优惠、期限较长、并可部分地用当地货币偿还的贷款，以促进其经济的发展和生活水平的提高。

国际开发协会的资金来源如下：①成员国认缴的股金，其中发达国家必须用可兑换货币认缴，发展中国家可以用本国货币认缴90%；②由会员国政府定期提供的援助性的补充资金；③世界银行每年的赠款；④国际开发协会的业务收入。国际开发协会的贷款方向偏重农业、基础设施和人力资源开发。其贷款方向从总体上看与世界银行一致，其中农业贷款比重超过后者，而工业贷款比重低于后者。接受贷款的条件以它规定的人均收入指标衡量，历年数字不尽相同。

（3）国际金融公司。国际金融公司（International Finance Corporation，简称IFC），于1956年7月正式成立，系世界银行集团旗下五大机构之一，作为全球专注于新兴市场私营部门发展的首要国际开发机构，在全球经济格局中占据重要地位。其成员资格与世界银行挂钩，仅世界银行会员国方可申请加入。

在发展中国家的经济发展进程中，国际金融公司扮演着至关重要的角色。一方面，它积极资助私营企业茁壮成长，从而创造大量就业岗位，并带动相关产业蓬勃发展。例如，在众多发展中国家，许多私企在其资金支持下得以扩大规模，进而推动上下游产业协同发展。另一方面，通过对基础设施建设的投资，有效降低了企业运营成本，显著提升了整体经济效率。如在部分国家的交通、能源等基础设施项目中，国际金融公司的投资促使项目顺利建成，改善了当地投资环境。此外，公司还大力促进金融市场的发展，吸引国际资本流入，不断完善资本市场体系。

国际金融公司高度重视环境与社会的可持续发展，积极支持可再生能源项目，致力于保障当地居民的合法权益。在项目实施过程中，严格遵循相关标准，确保项目既能推动经济发展，又能兼顾环境与社会的和谐共生。其组织机构与世界银行相仿，公司总经理由世界银行行长兼任，主要机构工作人员亦由世界银行对应部门人员兼任。同时，设有独立的执行副总经理及若干办事机构，成员组成方式为成员国入股。资金来源广泛，涵盖股金、向世界银行的借款、自身积累的利润、成员国偿还的款项以及转售债权的收入等。贷款方向侧重于钢铁、建材、纺织、采矿、化工、能源、旅游、非金融服务业等领域，且贷款项目需满足有利于东道国经济发展、具备盈利前景、能够扩大私人产权并提升管理效率，同时无法以合理条件获取私人资金等标准。通过这些标准的严格执行，国际金融公司确保了资金的高效利用，推动了新兴市场私营部门的稳健发展。

（二）区域性国际金融机构

区域性国际金融机构在推动经济发展、金融合作和区域稳定方面发挥着重要作用。通过提供贷款和融资支持，这些机构促进基础设施建设、产业发展和经济增长，帮助成员国满足资金需求并提高投资效率。同时，它们在金融监管、市场建设和金融机构合作方面也扮演了重要角色，为成员国提供政策咨询和技术援助，助力改善金融体系和市场环境，提升金融治理能力，并推动金融创新和可持续发展。

此外，这些机构还通过提供稳定的金融支持和风险管理工具，有效减轻了金融风险，促进金融稳定，并为防范金融危机提供有力支持。在可持续发展领域，区域性国际金融机构支持环保、绿色发展和社会包容等方面的项目和倡议，为区域内的可持续经济增长和社会进步注入动力。因此，这些机构在维护区域金融安全和稳定、推动可持续发展等方面具有不可替代的作用。

1. 国际清算银行

国际清算银行主要办理各国之间的清算业务，宗旨是增进成员国与中央银行之间的合作，为政府间的国际金融业务提供便利，充当国际结算的代理人。国际清算银行以股份企业形式建立，其最高权力机构是股东大会。国际清算银行的主要业务活动有接受各中央银行的存款并向中央银行发放贷款，代理中央银行买卖黄金、外汇和债券，办理国际结算，充当政府间贷款的执行人。它所办理的存款包括黄金存款，而且对这种存款付息。因此，有些国家的中央银行将部分黄金储备存入该行。

2. 亚洲开发银行

亚洲开发银行(Asian Development Bank,简称 ADB)是一个区域性的开发银行，成立于 1966 年 11 月 24 日，总部位于菲律宾。亚洲开发银行的宗旨是通过其发展中会员国的投资项目和方案，推动区域的可持续发展，减少贫困。ADB 的资金主要用于交通、能源、教育、水资源管理和其他关键领域的项目，同时也提供技术援助、政策建议和研究服务。ADB 通过年度会议、理事会和执行委员会来实施决策和管理，并通过各种贷款、担保、股权投资和赠款工具来实施其项目和计划。ADB 还与联合国、世界银行和其他多边及双边机构合作，共同推进区域发展和实现减贫目标。

第三节　现代金融管理运用

金融管理是指企业、政府或个人在日常活动中进行的财务决策、规划和管理，旨在将财务资源的效率和价值最大化。它涉及收入和支出的管理、资产和负债的管理、投资和融资的决策以及风险管理等方面。金融管理的目标是确保企业、政府或个人能够合理地运用金融资源，以实现财务目标并最大化经济效益。企业经营管理是指企业为实现既定目标，通过有效组织、协调、控制和决策等一系列管理活动，对企业内部和外部资源进行规划、调配、使用和监督的过程。企业经营管理的核心是在资源有限的情况下，实现企业资源的最优化配置和协调，以实现企业长期稳健发展。

一、金融管理的运用意义

（一）提供基础服务

在企业经营管理中，金融管理可以帮助企业确保资金和资源的充足、风险的控制、财务以及投资的规划，从而保证企业能够持续提供基础服务，为社会和客户创造价值。如金融管理可以帮助企业进行财务规划，合理安排财务资源，控制成本，提高资金利用效率，确保企业在提供基础服务的同时保持盈利。

金融管理可以帮助企业进行风险控制，识别和应对各种潜在风险，保障企业经营的稳定性和可持续性，从而确保企业能够持续地提供基础服务。而且金融管理可以帮助企业进行投资规划，科学合理地配置资金和资源，开展多元化的经营活动，提升企业的盈利水平和业务竞争力，为持续提供基础服务提供必要的支持。

（二）保障企业运行

第一，金融管理可以帮助企业进行资金规划、调配和管理，使资金得以充分利用。在必要时可以进行适当的投资和融资，以满足企业的运营需求。

第二，金融管理可以帮助企业进行风险管理，防范和应对风险事件的发生，避免对企业经营造成不利影响，保障企业经营的稳定性和可持续性。

第三，金融管理可以帮助企业进行经济效益评估，及时发现并解决企业在经营活动中存在的问题，使企业的经营活动更加高效，具有更高的经济效益。

第四，金融管理可以为企业提供有效的决策支持，帮助企业在制定经营策略、战略规划、投资决策等方面作出正确的判断，提升企业的竞争力和盈利能力。

（三）合理预测风险

首先，通过建立完善的风险管理体系，金融管理可以帮助企业进行风险管理，识别、评估和应对各种潜在风险，及时防范和解决风险问题。其次，金融管理可以帮助企业进行财务预算，对企业的经济状况、市场环境、竞争格局等因素进行科学的分析和预测，制定出合理的预算方案，为企业预防和应对风险提供有效的决策依据。

（四）降低金融风险

第一，金融管理可以帮助企业进行风险管理。建立完善的风险管理体系，对企业可能遇到的各种金融风险进行有效的识别、评估和应对。这样可以降低企业在金融市场的交易、金融投资和融资等多方面的风险。

第二，金融管理可以帮助企业进行财务管理，包括资金管理、成本控制、财务分析等方面。通过对企业的财务状况进行科学的分析和预测，制定出合理的财务策略和预算方案，从而降低企业在金融市场的融资风险和经营风险。

第三，金融管理可以帮助企业运用各种金融工具，如期货、期权、保险等，进行金融风险管理和防范，降低企业在金融市场的交易和金融投资等方面的风险。

第四，金融管理可以通过数据分析、建立风险模型等方法，对企业在金融市场的交易和金融投资等方面的风险进行科学分析和预测，及时发现和解决潜在的金融风险问题。

二、金融管理的运用策略

（一）树立正确管理理念

金融管理在企业经营管理中的运用，需要树立正确的管理理念，以确保企业的长期稳健发展。企业需要注重风险管理、财务透明度、客户需求、企业文化建设和人才培养等多方面的建设，以推动企业的发展和创新，实现可持续发展。

第一，突出风险管理。金融管理的核心是风险管理，企业需要树立正确的风险管理理念，以避免风险对企业造成的损失。管理者需要认识到风险是企业运作中必须面对的问题，需要进行全面的风险评估和规避，防范风险对企业的影响。

第二，提高财务透明度。企业需要加强财务透明度建设，确保财务数据的真实、准确、完整和及时性，以便金融管理者进行风险评估和决策。企业需要建立完善的财务制度和内部控制制度，加强内部审计和风险管理，防范财务风险。

第三，坚持以客户为中心。企业要坚持以客户为中心的经营理念，不断优化产品和服务质量，满足客户需求。同时，金融管理者需要根据客户需求，合理配置资金，以实现企业的盈利和长期发展。

第四，注重企业文化建设。企业文化是企业的灵魂，是企业发展的内在动力。金融管理者需要注重企业文化建设，树立正确的价值观和行为准则，以促进员工的积极性和创造力，提高企业绩效和竞争力。

第五，强化人才培养。金融管理需要高素质的人才支持，企业需要建立完善的人才培养体系，吸引和培养具有金融管理专业知识和实践经验的人才，为企业提供强有力的金融管理支持。同时，企业需要加强员工培训和学习，提升员工金融管理的素养和水平。

（二）优化企业资金结构

第一，合理规划资金需求和筹资方式。企业应该根据自身经营情况、市场环境等因素，合理规划资金需求和筹资方式。企业在进行资金筹集时，可以通过发行债券、股票、融资租赁等多种方式进行筹资，以满足不同的资金需求。

第二，控制资金成本。企业需要合理控制和降低资金成本，从而提高企业的盈利能力。例如，通过优化现金管理、管理债务等方式来减少资金成本。

第三，优化资产结构。企业应该通过优化资产结构来改善资金结构，从而提高资金利用率。例如，通过清理低效资产、转移过多流动资金等方式来调整资产结构。

第四，完善内部控制制度。企业应该建立健全的内部控制制度，加强对资金使用的监督和管理，防范资金风险，提高资金使用效率。

第五，加强财务管理。企业应该建立完善的财务管理体系，对资金进行全面管理和监督，及时发现和解决存在的问题，从而保证企业资金的合理使用和优化企业的资金结构。

（三）加强金融监管工作

加强金融监管工作是金融管理在企业经营管理中的重要内容之一，它可以有效防范和化解金融风险，保障金融市场的稳健发展。以下是加强金融监管工作的措施：

第一，金融监管部门应该建立健全金融监管制度。建立健全金融监管法律法规和制度，明确各方的责任和职能，健全金融监管机构的职能和内部管理制度。

第二，金融监管部门应该加强信息披露和透明度。信息披露和透明度的加强有助于提高市场参与者的信息获取能力，增强市场监管的有效性和准确性。同时，金融监管部门应鼓励企业主动披露财务和经营信息，防范市场不公和操纵等不良行为。

第三，金融监管部门还应建立健全的金融风险监测和评估机制，提高监管部门对金融风险的预警和识别能力，加强对不同金融市场、金融机构和金融产品的风险监管。金融监管部门应该与其他监管部门、行业协会等建立协作机制，共同防范和化解金融风险，保障金融市场的稳健发展。金融监管部门应该加强技术手段和能力建设，推动信息技术在监管中的应用，提高监管工作的智能化和自动化水平，从而提高监管效率和准确性。

（四）提高信息建设水平

第一，建立完善的信息管理系统。建立信息管理部门，负责对企业信息的全方位管理。这涵盖了从信息的收集、分析到储存、传递、使用和保护的全过程。通过制定明确的信息管理制度，确保信息的流动有序且高效，同时降低信息泄露的风险。

第二，加强信息技术支撑。信息技术是现代企业的基石，企业需要不断投入，对信息技术基础设施进行升级和完善。这不仅包括硬件设备的更新换代，还涉及软件系统的优化和网络环境的加固。通过提升技术水平，确保信息系统的稳定性、安全性和高效性，为企业的决策提供强有力的支持。

第三，提高员工信息素养。员工是企业信息管理的主体，提升员工的信息素养，意味着增强他们运用信息技术的能力，以及对信息价值的认识和判断力。企业应定期开展信息技术和信息管理的培训课程，帮助员工适应信息时代的要求，充分发挥其在信息管理中的作用。

第四，加强信息保密工作。信息保密是企业信息管理不可忽视的一环。一旦核心信息泄露，可能给企业带来无法挽回的损失。因此，企业必须建立健全的保密制度，加强对敏感信息的管控，并对员工进行保密意识的培养。此外，通过技术手段如加密传输、访问控制等，进一步强化信息的安全防护。

第五，持续关注信息行业的最新动态。信息行业日新月异，新技术、新应用层出不穷。企业应保持敏锐的市场洞察力，紧跟行业发展趋势，及时将最新的科技成果应用于自身的信息系统建设中。这样不仅可以提高信息管理的效率，还能为企业开拓新的商业机会。

（五）培养专业管理人才

第一，企业应该制定合理的招聘标准，包括学历、专业、经验和能力等方面的要求，确保企业招聘到符合要求的人才。

第二，企业应该为专业管理人才提供实践机会，让他们在实践中积累经验，提高实践能力。

第三，企业应该建立完善的人才培养体系，包括内部培训、外部培训、职业规划等方面，为专业管理人才提供培训机会。

第四，企业应该建立激励机制，给优秀的专业管理人才给予一定的薪资或职业晋升的激励，以提高他们的工作积极性和创造性。

第五，企业应该鼓励专业管理人才进行自我学习和提高，不断跟进行业最新发展动态，保持专业素养方面的竞争优势。

第四节　金融管理体系发展

金融体系发展是一国或一个地区经济发展的重要组成部分。随着经济的发展，我国的金融业也得到一定的发展。在经济全球化的背景下，国际金融形势和我国的金融行业发展环境发生了巨大的变化，金融竞争将会更加激烈。

金融管理体系的发展，如同一条奔腾不息的河流，不断适应着新挑战，利用着新技术，向前推进。它是一个复杂而精细的系统，涵盖了从宏观经济政策到微观市场行为的方方面面。这个体系不仅关乎经济的稳定与增长，也影响着每个人的日常生活。

随着全球化的加速推进，资本、商品和服务的跨国流动日益频繁，金融市场的联系更加紧密。这使得金融管理体系需要更加注重跨境监管合作和风险防范。同时，数字技术的飞速发展，尤其是区块链、人工智能等前沿技术，为金融行业带来前所未有的机遇和挑战。

未来的金融管理体系将继续演变，以应对全球化带来的挑战和数字化带来的变革。一方面，监管机构将加强跨境监管合作，构建更加完善的全球金融治理体系；另一方面，金融机构将积极拥抱数字化转型，利用大数据、云计算等技术提升服务效率和风险管理能力。

在这个过程中，技术创新将成为推动金融管理体系发展的重要力量。例如，区块链技术可以降低交易成本，提高交易透明度和安全性；人工智能技术可以帮助金融机构更好地理解客户需求，提供个性化金融服务。

　　然而，金融管理体系的发展也面临着诸多挑战。如何平衡创新与风险、监管与发展是一个永恒的话题。此外，随着金融科技的快速发展和应用，如何确保金融消费者的权益不受侵害也是一个亟待解决的问题。

　　展望未来，人们期待看到一个更加开放、包容、创新的金融管理体系。它将充分利用现代科技手段，提高金融服务的普惠性和便捷性；同时，也将加强国际合作，共同维护全球金融稳定和安全。在这个充满变革的时代里，让我们携手共进，共创美好未来。

第三章 金融管理信息化发展的创新实践

第一节 金融管理信息化的价值体现

一、金融管理信息化的内涵

金融管理信息化是金融行业在信息技术快速发展的背景下，应用各种信息技术的手段，对金融管理进行全面、深入改革和创新。它是一种信息创新技术，也是一种全新的金融管理模式。金融管理信息化旨在通过应用先进的信息技术，实现金融业务的信息化、自动化和智能化，从而提高金融管理的效率和质量，保障金融市场的稳定和安全。金融管理信息系统是金融管理信息化的重要工具和载体，通过计算机和通信网络，对金融管理业务进行高效、准确、快速的处理，为金融决策提供信息支持。

金融管理信息化的内涵主要包括两个方面：一是金融信息技术化，即金融电子化。这是指在计算机和通信网络基础上建立电子资金清算系统、柜台业务服务系统和金融管理信息系统，实现金融业务的信息化和电子化。二是金融信息服务产业化，即通过金融电子化技术系统提供金融服务与金融信息服务。这是指利用金融电子化技术，为金融客户提供金融信息服务，如实时报价、历史数据和分析数据等，满足客户的需求，提升客户满意度。

二、金融管理信息化对金融机构的重要性

随着科技的发展和进步，金融行业正面临着前所未有的机遇和挑战。在这个背景下，金融管理信息化的发展成为金融机构提升竞争力、实现可持续发展的重要手段。

第一，金融管理信息化能够提高金融机构的运营效率。在信息化时代，金融机构可以通过大数据、云计算等先进技术，实现业务流程的自动化、智能化，降

低运营成本，提高工作效率。此外，信息化手段还可以帮助金融机构更好地了解客户需求，优化产品和服务，提升客户满意度。

第二，金融管理信息化有助于金融机构防范风险。通过建立风险管理系统，金融机构可以实时监控各项业务的风险状况，对潜在风险进行预警和防范，降低不良资产率，提高资产质量。同时，信息化手段还可以为金融机构提供更为全面、准确的数据支持，有助于制定更加科学、合理的决策。

第三，金融管理信息化可以提升金融机构的国际竞争力。在全球经济一体化的大背景下，金融机构需要适应国际市场的变化，提高产品和服务的国际化水平。信息化建设可以帮助金融机构实现业务的国际化，降低跨境交易成本，提高跨境金融服务水平，从而增强金融机构在国际市场的竞争力。

第四，金融管理信息化有助于金融机构提升品牌形象。在信息化时代，金融机构的品牌形象和声誉对客户选择和忠诚度具有重要影响。通过运用信息化手段，金融机构可以提升客户体验，树立良好的品牌形象，赢得客户的信任和支持。

三、金融管理信息化对金融市场的影响

第一，金融管理信息化显著提升了金融市场中的信息流通效率。借助于先进的信息技术手段，金融市场中的各类信息得以迅速且精确地在各参与方之间传播，这不仅极大提高了市场的透明度，也使得市场的信息不对称问题得到有效缓解。更进一步，金融管理信息化通过对市场结构的优化，促进了金融市场运作的高效性和稳定性，为市场的长远发展奠定了坚实基础。

第二，金融管理信息化对金融市场的交易方式产生了深远影响。网络技术和电子货币等现代金融工具的广泛应用，推动金融市场向自动化和智能化的方向发展。这不仅简化了交易流程，缩短了交易时间，还极大地提升了市场的交易效率。随着交易过程的日益便捷，市场的交易频率显著增加，交易规模和边界也得到了相应拓展，从而为金融市场的繁荣做出了积极贡献。

第三，金融管理信息化对金融企业的运营模式带来深刻变革。金融企业运用网络技术，能够更准确地捕捉和分析客户需求，据此优化服务内容，提升服务品质。同时，网络技术的应用还帮助金融企业有效降低运营成本，提高运营效率，增强了企业的市场竞争力。

第四，金融管理信息化在金融市场的风险管理方面发挥了重要作用。借助于

信息化手段，金融企业能够实时监控市场动态，及时识别和评估潜在的金融风险，采取相应措施防范和化解风险。这不仅有助于保障金融市场的稳定运行，也为投资者提供了更加安全可靠的金融环境。

第二节　金融管理中信息化技术的应用

一、金融管理中信息化技术的发展趋势

随着金融经济管理的重要性日益凸显，金融管理中信息化技术的发展趋势也日益明显。在当前的社会环境下，信息化已经成为金融经济管理的重要手段，它不仅可以帮助企业提高效率，降低成本，还可以为企业提供决策支持，帮助企业规避风险。因此，金融管理中信息化技术的发展趋势对于我国金融经济管理的发展具有重要的现实意义。

第一，信息化程度的提高。在未来的发展中，金融管理中信息化技术将更加融入企业的各个环节，实现金融管理的全面信息化。这不仅可以提高金融管理的效率，还可以为企业提供更加精准的决策支持，帮助企业更好地应对金融风险。

第二，数据驱动。在未来的发展中，金融管理中信息化技术将更加注重数据的收集和分析。通过大数据、人工智能等技术，金融管理中信息化技术将更好地处理和分析金融数据，为企业提供更加精准的决策支持。

第三，信息安全。在未来的发展中，金融管理中信息化技术将更加注重信息安全。随着金融业务的发展，金融信息的安全性将变得越来越重要。因此，金融管理中信息化技术的发展趋势之一是信息安全。

第四，协同创新。在未来的发展中，金融管理中信息化技术将更加注重协同创新。金融管理中信息化技术的发展需要各个部门、各个企业的协同创新，共同推动金融管理中信息化技术的发展。

二、金融管理中大数据技术的应用

大数据是指规模庞大、多种类型、处理速度快且价值密度低的数据集合。大

数据的定义不仅与数据的大小有关，还与数据的特征、处理方式和应用场景等因素密切相关。

（一）大数据的基础认知

1. 大数据的特征

大数据时代已经来临，它给人们的生活带来巨大的变革。大数据的主要特征可以概括为四个方面：数据规模巨大、数据类型多样、处理速度快以及价值密度低。在这篇文章中，我们将详细探讨这四个特征，并探讨如何应对这些特征带来的挑战。

（1）我们要关注的是数据规模的巨大。大数据时代，数据量以惊人的速度增长，涵盖了各个领域。数据规模的不断扩大使得传统的数据处理和分析方法捉襟见肘。为了解决这个问题，人们急需采用分布式计算和存储技术来应对这一挑战。分布式计算技术[①]可以将庞大的数据分成若干份，分别在不同的计算节点上进行处理，从而提高数据处理的效率。此外，分布式存储技术可以将数据存储在多个节点上，以满足海量数据的存储需求。

（2）大数据时代的数据类型繁多，包括结构化数据、非结构化数据和半结构化数据。这些数据涵盖文本、图像、音频、视频等各种格式，具有不同的特点和处理要求。因此，人们需要运用相应的技术和工具来处理这些数据。针对结构化数据，人们可以采用关系型数据库和数据仓库等技术进行处理；对于非结构化数据，如文本和图像，人们可以运用自然语言处理、计算机视觉等技术进行处理；而对于半结构化数据，人们可以使用相应的方法进行解析和处理。

（3）大数据的处理速度要求较高，通常需要在较短的时间内完成，甚至需要实时或准实时地进行。为了满足这一要求，人们需要引入高速计算和分布式处理的技术。并行计算技术可以使得多个计算节点同时进行数据处理，从而提高处理速度。此外，流处理技术和实时数据库技术也可以帮助人们实现对海量数据的快速处理和分析。

（4）大数据的价值密度较低。这意味着在庞大的数据量中，有价值的信息

---

① 分布式计算技术是一种计算模型，它涉及将一个大型计算任务分解为多个较小的子任务，并将这些子任务分布在多台计算机上进行处理。这些计算机可以位于同一地理位置，也可以分布在全球范围内。通过这种方式，分布式计算技术能够充分利用网络中的计算资源，提高计算效率，处理大规模数据集，并支持复杂的计算任务。

仅占一小部分，大部分数据都是无关、冗余或噪声数据。为了从海量数据中提取有用的信息，人们需要借助数据挖掘、机器学习和统计分析等技术。这些技术可以帮助人们从海量数据中挖掘出有意义的模式和规律，从而为人们的生活和工作带来便利。

2. 大数据的功能

（1）数据驱动的决策。大数据时代，企业和组织可以通过对海量数据的分析和挖掘，获取更全面、准确和实时的信息，为决策者提供强有力的支持。大数据分析有助于企业和组织更好地了解市场趋势、消费者需求和竞争对手的动态，从而制定出更为明智的决策。此外，大数据分析在政策制定、社会管理等方面也具有重要的作用。通过对大数据的深入挖掘，政府和相关部门可以更好地了解社会状况，制定出更为合理有效的政策。

（2）提升效率。大数据的处理和分析能力可以帮助企业和组织优化业务流程、提高生产效率和资源利用效率。大数据技术可以通过模型建立、模式识别和预测分析，发现存在的问题和瓶颈，提出针对性的优化方案。这种效率的提升不仅体现在生产和经营活动中，还体现在供应链管理、人力资源管理等方面。大数据技术可以为企业提供更精准、高效的管理服务，从而降低成本，提高竞争力。

（3）发现深层次信息。大数据分析可以帮助企业和组织挖掘数据背后的深层次信息和隐藏的模式。通过对大数据的深入分析，可以揭示数据之间的关联性和因果关系，发现影响业务和决策的重要因素。这些信息和洞察力可以帮助企业发现新的商机、优化产品设计和改进市场营销策略。此外，大数据在科研领域也具有重要意义。科研人员可以通过大数据分析找到新的研究方向，揭示自然规律和社会现象。

（4）创新和新业务模式。大数据的应用可以带来创新和新的商业模式。通过对大数据的分析和挖掘，可以发现新的商业机会、创新产品或服务。大数据技术还可以帮助企业实现商业变革，提高收益。例如，零售企业可以通过大数据分析消费者购买行为，实现精准营销；金融企业可以通过大数据分析风险，提高投资决策的准确性。

3. 大数据的驱动效应

（1）规模效应。大数据的规模效应正在改变人们的世界。在这个信息爆炸的时代，数据已经渗透到人们生活的方方面面，从商业决策到个人娱乐，从社会治理到科学研究，大数据的影响无处不在。

第一，大数据的规模效应体现在处理速度上。随着技术的发展，人们能够以越来越快的速度处理和分析海量数据。这使得企业能够实时洞察市场变化，快速响应消费者需求，从而提高决策效率和准确性。例如，电商平台通过实时分析用户行为和购买数据，能够精准推送个性化的商品和服务，提升用户体验和购物转化率。

第二，大数据的规模效应还表现在数据分析的深度上。传统的数据分析方法往往局限于表面的统计和描述性分析，而大数据则让人们能够挖掘更深层次的数据价值。通过对大量数据的深度挖掘和分析，人们可以发现隐藏在数据背后的规律和趋势，为决策提供更加科学和准确的依据。例如，在医疗领域，通过对患者基因数据的深度分析，可以实现疾病的早期预防和个性化治疗。

第三，大数据的规模效应也能促进跨领域和行业的融合。不同行业和领域之间的数据共享和合作已经成为可能，这为创新和跨界应用提供了广阔的空间。例如，在智能交通领域，通过整合交通、气象、地理等多源数据，可以实现交通拥堵的预测和疏导，提高城市交通运行效率。

（2）质变效应。

第一，数据维度的扩展。大数据不仅包括结构化数据，还包括半结构化和非结构化数据。这种数据维度的扩展使得人们能够更全面地了解事物，发现更多的信息和价值。

第二，数据关系的发现。通过大数据的分析和挖掘，人们可以发现数据之间的关联性和趋势，从而揭示出隐藏在数据背后的规律和知识。这种对数据关系的发现有助于人们更深入地理解事物，作出更准确的预测和决策。

第三，决策模式的转变。大数据的质变效应还体现在决策模式的转变上。传统的决策模式主要基于经验和直觉，而大数据的出现使得决策更加依赖于数据分析和挖掘的结果。这种决策模式转变使得决策更加科学、客观和准确。

第四，商业模式的创新。大数据的质变效应还能推动商业模式的创新。通过对大数据的分析和挖掘，企业可以发现新的市场机会和商业模式，从而推动业务的不断创新和发展。例如，基于用户行为数据的个性化推荐、精准营销等新型商业模式就是大数据质变效应的典型体现。

（3）预测效应。大数据预测的核心在于对历史数据的深度挖掘和分析。通过对过去的数据进行建模和计算,大数据技术能够找出数据之间的相关性和规律性,进而对未来可能发生的情况进行预测。这种预测不仅具有高度的准确性,而且能够实时更新和调整,以适应不断变化的外部环境。

在大数据预测的广泛应用中,商业领域尤为突出。企业可以利用大数据技术对市场动态、消费者行为、竞争对手策略等进行实时监测和分析,从而精准把握市场趋势,制定科学合理的营销策略和产品开发计划。此外,大数据预测还可以应用于金融投资、风险管理、供应链优化等众多方面,为企业创造巨大的经济效益。

相比于传统的预测方法,大数据预测具有显著的优势。首先,它基于海量的真实数据进行计算,避免了主观偏见和随机性的干扰,使得预测结果更具客观性和可靠性。其次,大数据预测具有实时性和动态性,能够及时反映外部环境的变化,确保预测结果的时效性和准确性。最后,大数据预测还具有可定制性和灵活性,可以根据不同的需求和场景进行个性化定制和调整。

随着技术的不断进步和应用场景的不断拓展,大数据预测的未来将更加广阔和充满创新。一方面,随着人工智能、机器学习等技术的不断发展,大数据预测的准确性和效率将得到进一步提升;另一方面,随着5G、物联网等新技术的普及和应用,大数据预测将能够处理更加海量和多样化的数据类型和时间尺度上的数据变化。同时,跨领域合作和开放创新也将成为推动大数据预测发展的重要动力。通过整合不同领域和行业的数据资源和技术能力,可以构建更加全面和准确的预测模型和方法体系。通过开放数据资源和算法工具等资源共享机制建设可以促进学术界和产业界的紧密合作和共同进步。

(4)个性化效应。大数据的个性化效应是指通过分析大规模数据集,为个体用户提供定制化、个性化的体验、服务或建议。大数据在个性化方面产生的效应表现为以下几点:

第一,个性化推荐系统。大数据分析可用于了解用户的历史行为、喜好和兴趣,从而构建个性化推荐系统。这种系统可以在电商、音乐、视频等领域推荐用户可能感兴趣的产品或内容,提高用户满意度和购买率。

第二,定制化服务。大数据使企业能够更好地了解用户需求,提供更个性化、定制化的服务。这包括定制产品、服务方案,甚至是个性化的定价策略。

第三,个性化营销。大数据分析有助于企业更准确地了解客户群体,以制定个性化的营销策略。通过精准的定向广告和个性化的促销活动,企业可以更有效地吸引和保留客户。

第四，个性化用户体验。大数据可以帮助优化用户界面和交互，以更好地满足个体用户的需求和偏好。这包括个性化的页面布局、功能设置以及用户界面的语言和风格。

第五，实时个性化决策。大数据技术使得实时数据分析成为可能，从而在用户互动的实时基础上作出个性化决策。这可以涵盖实时推送通知、即时客户服务响应等方面。

（5）反馈效应。大数据提供实时反馈机制，有助于企业快速响应市场变化，提高市场适应性。大数据的反馈效应指的是通过对大规模数据集的分析和利用所获得的信息对系统、业务或决策进行调整和改进的过程。

第一，实时调整和优化。大数据分析提供对实时数据的洞察，使得组织和企业能够迅速对市场变化、用户行为等作出反应。这种实时的反馈机制使得组织和企业可以即时调整战略、产品或服务，以更好地满足用户需求。

第二，持续改进决策。大数据分析可以提供更全面的信息基础，支持决策制定过程。通过分析决策和结果，可以进行反馈，从而不断改进决策模型和流程。

第三，用户反馈循环。大数据分析有助于获取用户的反馈数据，包括用户体验、满意度调查、社交媒体评论等。这些反馈可以用于改进产品设计、服务质量，甚至是开发新的功能或特性。

第四，质量控制和风险管理。大数据分析可用于监测生产过程、产品质量等方面的数据。通过及时发现异常数据和问题，组织和企业可以采取措施进行质量控制和风险管理，以避免潜在的问题扩大化。

（6）协同效应。大数据的协同效应指的是通过大数据技术的应用，不同个体、团队、组织之间可以实现更高效的信息交流和资源共享，从而在协同工作中取得比单独工作时更好的整体绩效。这种效应在多个领域都有所体现。

第一，跨部门合作。在企业内部，大数据可以打破部门间的壁垒，实现销售、市场、研发等部门之间的数据共享，促进各部门之间的协同工作，提高企业的响应速度和市场适应能力。

第二，产业链整合。大数据技术可以帮助上下游企业更好地理解市场需求和生产状况，实现产业链的紧密配合，降低库存成本，提高整个产业链的效率。

第三，跨界融合。大数据可以促进不同行业之间的数据流通和融合，比如金融行业与电商行业的结合，可以通过数据分析更好地理解消费者行为，提供定制化的服务和产品。

第四，政府与企业合作。政府可以通过开放数据资源，与企业共享数据，共同解决社会问题，如环境保护、城市规划等，这种公私合作伙伴关系可以提高政策的有效性。

第五，国际合作。在全球化背景下，大数据可以促进跨国企业和国际组织之间的合作，共同应对全球性挑战，如气候变化、疾病控制等。

第六，用户参与。大数据技术允许用户参与到数据的生成和分析过程中，用户生成的数据可以与其他数据源结合，产生新的价值，如社交媒体上的用户反馈可以帮助企业改进产品和服务。

大数据的协同效应强调了数据共享和集体智慧的重要性，通过整合不同来源和类型的数据，可以产生更全面和深入的洞察，从而推动创新和效率的提升。

（7）创新效应。大数据分析为企业提供发现新的商业模式和市场机会的途径，激发创新思维，推动企业持续发展。

第一，产品创新。大数据通过对海量数据的分析，可以发现消费者新的需求和偏好，从而为企业提供产品创新的方向。例如，通过分析用户的购买记录、浏览行为等数据，企业可以了解用户的消费习惯和兴趣点，进而开发出更符合市场需求的产品。

第二，服务创新。大数据的应用可以优化企业的服务流程，提高服务质量和效率。例如，通过实时分析用户反馈和行为数据，企业可以及时发现服务中的问题并进行改进，为用户提供更加个性化的服务体验。

第三，营销创新。大数据的精准分析能力使得营销更加精准和有效。企业可以通过分析用户画像、消费习惯等数据，制定更加精准的营销策略，提高营销效果和转化率。同时，大数据还可以帮助企业实现多渠道、多形式的营销创新，如社交媒体营销、内容营销等。

第四，商业模式创新。大数据的应用可以改变传统的商业模式，推动企业的转型升级。例如，基于大数据的共享经济模式、平台经济模式等新型商业模式正在不断涌现，为企业带来新的增长点和竞争优势。

（二）金融管理体系中的大数据理念应用

1.大数据理念对金融管理体系的影响

大数据理念是基于对海量、多样化、高速流动的数据集合的认知和应用。它强调通过先进的技术和方法论，从庞大的数据中提取有价值的信息和知识，以支持决策制定、创新和业务优化，大数据理念对金融管理体系的影响如下：

（1）大数据技术的引入显著提升金融管理体系的信息获取和分析能力，为决策者提供全新的数据视角。过去，决策者因数据获取和处理的限制而难以深入了解市场、经济指标和企业财务数据等方面的信息。大数据技术的发展使得金融管理者能够以前所未有的速度和准确性获取庞大的数据集，从而建立更全面的信息基础。这种信息的高度可用性有助于决策者更加精准地制定政策和战略，进而推动整个行业的可持续发展。

（2）大数据在风险管理方面的应用具有深远的意义。通过大数据分析，金融机构能够更为全面地识别和评估各类风险。借助对历史数据和实时数据的深入挖掘，金融机构能够预测市场波动、信用风险以及其他潜在风险，从而制定相应的风险管理策略。这不仅有助于金融机构自身的风险控制，同时也有助于维护整个金融系统的稳定性。

（3）大数据技术还为金融机构提供个性化服务，为客户体验注入新的活力。通过对客户的交易历史、消费习惯等数据的深入分析，金融机构能够更全面地了解客户需求，提供更为个性化、定制化的金融服务。这种个性化服务不仅能够提高客户满意度，也为金融机构在市场中赢得更大的竞争优势。

（4）大数据在反欺诈和安全方面的应用也不可忽视。通过实时监测交易数据和行为模式，大数据分析系统能够迅速而精准地识别出异常交易和潜在的欺诈行为。及时发现并阻止这些潜在的欺诈活动，有助于提高金融系统的安全性，保障用户资产和信息的安全。

（5）大数据分析为市场预测和决策提供有力的支持。通过对市场趋势、消费者行为以及宏观经济数据的深入挖掘，大数据技术为金融管理者提供更为全面的决策依据。这有助于金融管理者更准确地预测市场走势，制定出更为有效的政策和战略，从而提高决策的科学性和准确性，推动整个金融管理体系的不断优化升级。

2.大数据理念下经济金融管理体系构建的策略

（1）发挥大数据理念作用。近年来，信息技术、信息科技的高速发展，对各个领域的发展也产生了极大影响。从金融管理体系的层面来分析，大数据理念以及技术的充分运用，能够使其得到不断发展，也能够助力于健全金融管理体系。因此，在构建金融管理体系的过程中，应当及时引入大数据理念，并且要积极发挥其所具有的重要作用。

随着互联网和物联网的普及，数据已经成为一种新的生产要素，其价值正在不断地被挖掘和释放。大数据技术的出现，使得人们能够处理和分析海量的数据，从中发现有用的信息和规律，为决策提供更加准确和全面的依据。

在金融管理方面，大数据技术的应用更是不可或缺。传统的金融管理体系往往基于经验和直觉进行决策，缺乏科学性和准确性。而大数据技术的出现，使得人们可以基于大量的历史数据和实时数据进行分析和预测，从而提高决策的科学性和准确性。此外，大数据技术还可以应用于市场分析和预测、投资组合优化、反洗钱等方面，提高金融管理的效率和准确性。因此，在构建金融管理体系的过程中，人们应当充分认识到大数据理念和技术的重要作用，积极引入并应用这些先进的技术和方法，推动金融管理体系的不断完善和发展。同时，人们也需要加强相关人才的培养和引进，提高整个行业的大数据素养和水平，为大数据技术在金融领域的广泛应用打下坚实的基础。

（2）科学运用大数据技术。随着经济的高速发展以及科技的不断进步，大数据技术的广泛运用，使得我国各个领域、各个行业迎来新机遇，也为其转型提供有效的数据支撑，但同时各个行业也面临着新的挑战。

从整体层面来分析，大数据技术的出现以及充分运用，也给金融管理体系的发展带来更多的变量以及可能，促进金融管理体系的构成以及成熟发展是大数据技术的优势所在。因此，为了构建完善的金融管理体系，需要科学运用大数据技术、增加对于大数据应用的力度。

加大金融信息化建设以及发展的力度，积极构建一个大数据平台，以此全面开展金融管理工作，从而综合性推进金融体系的信息化进程，这样就可以从更多渠道、更多途径来收集整合性经济与金融数据。

借助于大数据挖掘技术等先进的科技，能够挖掘更为精准的信息，有效把控短时间内经济的发展趋势，并且做好准确的预测和判断，这样能够避免经济管理体系中的漏洞，也能充分发挥经济管理体系的作用以及价值。

（3）增强市场把控力。在构建和完善金融体系时，加强对金融市场的把控至关重要。这不仅有助于提高金融体系的效率，还能增强金融稳定性，防范系统性风险。大数据分析技术的运用在这方面发挥着越来越重要的作用。

大数据技术能够处理和分析海量的金融数据，包括交易记录、市场动态、客户行为等多维度信息。通过对这些数据的分析，金融机构可以更准确地预测市场趋势，优化资产配置，制定更为有效的风险管理策略。此外，大数据还能帮助金融机构发现潜在的市场异常行为，及时采取措施防范欺诈和非法交易活动，从而提升金融市场的透明度和公平性。

为了增强市场把控力，金融机构需要投资于先进的数据分析和处理平台，培养专业的大数据分析人才队伍，并确保数据的安全性和合规性。同时，监管机构也应利用大数据技术来加强市场监管，提升对市场操纵和内幕交易的监控能力，保护投资者利益，维护金融市场秩序。

（4）加速金融市场的全面改革。基于大数据的迅猛发展，大数据技术以及大数据理念的合理运用以及迅速普及，已经全面加速了金融市场改革的步伐，也加大了金融市场改革的力度。在大数据理念的指引帮助下，金融体系的改革与构建也取得了良好效果。

大数据理念下的金融管理体系也会不断降低众多金融行业的门槛，对于人才的专业能力以及责任要求也会逐步增强。让更多人才进入金融市场的相关领域，对于金融行业的发展具有积极意义。同时，大数据对于经济与金融行业的内部竞争影响也逐步增强，在这样的背景下，也会产生更多的金融相关数据。这样，大数据的作用力就会越来越明显，影响也越来越深远。在当今金融市场运作的主体模式下，不管是推动改革还是在企业进行综合管理的过程中，都必须将行业准则、规章制度以及政策列为第一标准，这样才能够更高效地构建完善的金融管理体系。此外，随着我国社会经济的迅猛发展，我国货币在国际上的影响力也会水涨船高，因此持续深化金融改革，能够更好地促进我国经济的发展。

（5）消除管理体系的内部界限。在构建金融管理体系的过程中，存在着管理体系内部界限的问题，这会制约金融体制的发展，也会阻碍经济增长。所以，大数据技术全面做好内部界限的消除是必要的措施。

从管理人员的角度来分析，首先，要明确个人职责，全面掌握金融管理体系中存在的问题，同时要明确划分界限。如果在此过程中存在内部局限性，就会对管理体系造成严重影响，那么就需要将其消除，这样才能够促进金融管理体系的长久发展。其次，还需要安排专业人员有效监管金融业务，充分了解金融业务发展，将业务数量、业务规模以及业务边界落到实处，只有切实加大金融业务的管理水平与管理力度，才能够进一步完善金融管理体系，从而促进经济的全面发展。

（三）金融风险管理中大数据技术的应用

1. 金融风险管理中大数据技术的支持

大数据技术的支持，极大地提升了金融服务，拓展了金融业务，同时也增强了对金融部门和金融服务的认识。随着目前的金融产品日益多样化，其所面对的市场风险也随之不断增加，在这些金融产品中都潜藏着各种各样的风险，大数据环境下的金融风险管理可以表现出更大的业务风险。在目前的网络金融模式下，买家优势更加突出，不断进行着产品的优化和革新，使得整个金融业面临着激烈的市场竞争。新兴的金融平台不断涌现，对网络金融平台造成很大影响，而在这种情况下，大数据下的金融机构又将面对新一波的审核风险和信用评价风险。随着大数据时代的到来，国内的金融市场也在飞速的发展，各种类型的理财产品层出不穷，这就造成了监管上的不一致，同时，诸如金融产品的价格风险等其他风险也开始显现出来，整个资本市场很快就会面对更大的风险管理，管理就会变得更加困难，管理的压力也会变得更加巨大。因此，大数据技术、互联网技术成为金融风险管理控制和防范的主要手段。

2. 金融风险管理中大数据技术的应用对策

（1）树立现代化发展思维，结合大数据环境进行传统金融行业重构，以思想带动行动，促进金融机构和金融企业的发展。

第一，金融行业的从业人员要积极更新自身理念，对大数据时代和大数据技术产生全新的看法，并结合大数据环境下的金融风险的特殊性质进行分析，找到大数据环境下金融风险出现的具体原因，以及风险呈现之后的表现形式，结合影响因素，深入探究，找到精准可靠科学的数据，改变过往统计调查时所使用的方法，全方位开展调查研究工作，结合大数据金融信息来降低金融风险的产生概率，提升风险研究效率。

第二，树立良好的大数据环境思维是极为关键的，需要结合金融市场现状以及大数据技术不断完善金融风险管理对策，科学防范风险，减少风险对金融企业以及客户造成的威胁，真正实现互利共赢，使企业在激烈的市场竞争中占据一席之地，提高企业的信誉度，并树立良好形象。

（2）提高核心技术水平，大数据等高新技术的应用还能进一步提升信息数据的检索水平，为金融企业的发展提供充足的信息保障。在大数据环境下，金融风险管理技术水平的提高可以从以下三个角度着手。

第一，精通资料库的相关知识。在这种新型的网络金融模式下，金融企业要面对各种各样的风险，许多的市场风险都是不可避免的，因此，一个好的数据库技术就显得尤为关键，它不但可以对数据库资源进行科学的保护，而且还可以采用先进的风险预防手段来提高数据库的安全性和可靠度。

第二，在基于大数据的环境下进行的金融风险管理工作中，要将数据的价值最大化，尤其是在遇到金融风险的时候，金融企业不能凭借自己的实力去避免或者应对这些风险。因此，必须要和其他的组织建立起一个很好的协作机制，利用数据库的信息资源来持续地提高对财务风险的预防和管控。

第三，进一步提升大数据处理技术。这一技术可以从本质上提高对财务风险管理流程中的资料的处理能力，尤其是在目前这个充满竞争性的经济环境下，唯有将具有重要价值的资讯资源放在首位，才能在这个行业中占有一席之地。对于大数据环境下的金融企业来说，必须要加大对核心技术的研发与投入，以超高的技术水平实现未来的可持续发展。

（3）优化金融业务审核。金融风险管理工作正式开展之前，充分应用大数据技术开展对金融业务的审核是帮助金融企业有效规避风险的一项关键措施。在应用大数据技术开展业务审核时，能够判断客户是否存在金融行业的信息不对称问题，以及投机取巧骗取金融融资贷款的情况。当前，不少金融机构在对客户的信息收集与整理中存在不足，主要体现在客户信息数据的审核时间较长、难以在第一时间放款、服务质量不高、金融产品成交量不够理想等方面。然而，当大数据技术充分应用到金融风险管理中之后，凭借先进的技术优势，能够帮助金融从业人员快速收集归纳客户的个人信息，针对一些融资贷款客户还能第一时间收集到他们的经营管理数据。由于大数据的支持下所体现出的信息数据有着较高的精准度，所以，工作人员能够快速查询客户的实际经营情况，以此对客户进行综合评分，判断客户是否优质，以及是否具备良好的还债能力，进而帮助企业提升综合效益。在相关的经营业务开展时，还可以应用大数据技术了解客户的信用体系，并把不同客户的信用体系划分等级，保障未来能够顺利合作，并对未来业务的顺利开展提供充足的数据资源支持，针对性规避金融风险，保障金融风险管理活动能够在金融业务开展前的审核过程中充分应用。

（4）构建风险监管体系。在大数据环境下的金融风险管理工作的开展过程当中，要注意以下三个问题：

第一，需要充分运用大数据的运用模式和应用特征，把握金融企业的客户数据资源，从企业本身所具备的专业知识入手，熟悉 NLP、ETL 等有关工具的功能和使用方法，收集、分析、储存、整理有关的信息数据，对每一个环节进行研究，切实按照客户的真实需要，全面地了解数据的内容和线上和线下的客户综合信息。要根据客户的信用状况和信用得分方式确定金融风险管理工作，并根据具体的情况对相关的风险问题进行监控和治理。在这一过程中，通过运用大数据的原理和大数据的方法，能够分析客户在购买理财产品时的实际交易状况，了解到之后的还款状况，违约情况，购买其他产品的情况等，从而将在信贷业务中存在的财务风险解决掉。

第二，企业需要在与客户发生交易之后，反复提醒违约的后果，不断提升客户的风险意识，以此达到规避金融风险的效果。

第三，结合实际发展情况，实现数据信息的统一要求，特别是在信息数据的整理当中，从业人员要深刻认识到大数据环境下金融信息所呈现出的零散性、特殊性、半成型性相关特点，保障相关信息数据科学化、统一化，完善风险管理机制。

（5）构建科学的金融市场制度体系。

第一，建立和健全大数据环境下的金融市场系统，从而实现对网络金融风险进行科学的管理。为持续提高金融产业经营体系运行的稳定性和可靠性，政府部门应公平、公正、公开地评价金融业的业务绩效，提高大数据下的财务风险防控能力。在这一进程中，政府部门要对传统金融市场的运营体系进行持续的优化和变革，从而促进金融业的迅速发展。与此同时，政府部门也要迅速提高金融业的经营业绩，持续增强其营利性，为今后的发展奠定坚实的根基。

第二，国企和大型企业要跟上大数据的发展步伐，对企业的架构进行科学、合理的调整，向大数据和网络化发展，从而获得较高的经济效益和社会效益，同时也为企业的转变和结构的调整提供有利的环境。

第三，大部分银行要根据市场发展需要，采取先进的调查方法，对当前消费者对理财产品的个性化需要进行分析，从而建立起更加完备的金融服务体系，并对其进行改革，围绕着消费者的需要，设计出多样化的金融产品，给消费者提供更多的选择。

第四，大数据环境下，要进一步加强互联网的金融风险防控水平，针对过往的互联网金融风险管理体系，需要结合大数据环境进行优化和完善，以此为金融行业的发展打下坚实的基础。

（6）为促进各行业间的紧密合作，鉴于国家经济发展的背景下行业间联系日益加强，政府及相关部门应当积极致力于有效整合与利用行业内的宝贵资源。在大数据的支撑下，确保各行业间能够实现高效、顺畅的沟通与协作。此外，还应制定相应的措施，以促进各行业参与到诸如电子商务等新兴产业的发展中来，建立一个比较完善的、系统的、一体化的金融风险管理体系。政府部门要对建立和运用电子商务平台给予足够的关注，在这样的平台上，各个产业都可以进行深度的沟通和协作，最大限度地实现对金融市场的有序统一的监管，提高各个产业的协作和沟通的水平，形成一种强大的合力。此外，政府要对各个产业进行长期的指导，让他们在发展过程中保持长期的眼光，而不是一味地追求短期的利润，从而实现各个行业的双赢，提升网络大环境下的金融风险管理能力。另外，政府还应协助企业担负起培育人才的职责，起到引导的作用，提高财务从业人员的能力，使其职业素质持续提高。随后构建一套完善的金融风险预警系统，为提升金融风险管理能力、预警能力、控制能力提供平台支持，发挥金融风险管理的重大价值意义。

（7）加强对金融从业人员的培养工作。金融企业的从业人员作为大数据环境下金融风险管理的组织者和执行者，对提升企业财务风险的可信度和安全性具有重要意义。所以，为了更好地提高财务风险管理的成效，相关单位要注重对金融业从业人员的培训，提高他们的整体素质水平，提升他们的专业素养和综合能力。

第一，企业应加大对员工的技能训练，使其能够了解到更多的科技和金融产业发展中的新知识，提高信息意识和金融服务能力，为推动大数据下的金融风险管理打下坚实的人才基础。

第二，加大对财务工作人员的专业技术和业务能力的评估，并将其结果列入职称和业绩评价之中，充分调动人员的工作积极性和学习积极性，保证每个工作人员都能在工作岗位上履行自己的职责。比如，企业在培训财务人才的过程中，可以和本地大学进行紧密的协作，将企业的思想融入有效的财务专业教学之中，从而培育出更多适合于大数据环境的金融领域的技术型人才，为金融企业的发展提供支持，并推动我国金融行业的发展，把综合效益发挥到最大化。

三、金融管理中人工智能技术的应用

人工智能（Artificial Intelligence，AI）是一门研究如何让计算机模拟人类智能行为的科学，它涉及机器学习、深度学习、自然语言处理等技术。AI 的核心特点是其自学习、自优化能力，能够在数据分析、模式识别和复杂决策方面超越人类。它通过算法分析大量数据，从中学习并提升性能，实现自主推理和决策。AI 的应用横跨多个行业，包括智能家居的自动化控制、自动驾驶汽车的导航、医疗领域的精准诊断与治疗、个性化教育资源的提供，以及金融服务的风险评估和欺诈检测。这些应用展示出 AI 技术在提高效率、准确性和个性化服务方面的巨大潜力。

随着技术的不断进步和数据的日益丰富，AI 正成为推动各行业创新和发展的重要力量。随着信息技术的飞速发展，AI 逐渐成为金融行业的关键驱动力。金融管理作为金融行业的重要环节，运用人工智能技术能够有效提升金融管理效率，降低金融风险，提高金融服务的质量和水平。

（一）金融管理中人工智能技术的应用现状

金融管理是指通过金融政策、金融法规、金融监管等手段，对金融市场、金融机构和金融业务进行有效管理，以确保金融市场的稳定、健康发展。人工智能技术在金融管理中的应用，主要体现在以下几个方面：

第一，金融风险管理。金融风险管理是金融管理的核心内容，包括信用风险、市场风险、操作风险等。人工智能技术通过对大量金融数据进行挖掘和分析，能够实现对风险的实时监测和预警，提高金融风险管理的有效性。

第二，金融服务优化。人工智能技术可以实现对金融业务的智能化处理，提高金融服务的效率。例如，智能客服、智能投顾、智能营销等，都是人工智能技术在金融服务领域的应用。

第三，金融监管科技。金融监管科技是指运用科技手段，提高金融监管的效率。人工智能技术可以实现对金融市场的实时监控，提高金融监管的精准度和有效性。

第四，金融科技创新。人工智能技术推动金融科技创新，如区块链、大数据、云计算等新兴技术与人工智能相结合，为金融行业带来全新的业务模式、服务方式和产品。

（二）金融管理中人工智能技术的应用领域

第一，信贷管理。人工智能技术在信贷管理领域的应用，主要包括信贷审批、信用评估、贷后管理等。通过大数据分析和机器学习算法，人工智能技术可以实现对借款人信用状况的精准评估，提高信贷审批的准确性和效率。

第二，投资管理。人工智能技术在投资管理领域的应用，主要包括智能投顾、量化投资、风险管理等。通过大数据分析和机器学习算法，人工智能技术可以实现对投资市场的精准预测，提高投资管理的效益。

第三，支付结算。人工智能技术在支付结算领域的应用，主要包括智能支付、跨境支付、支付安全等。通过区块链、生物识别等技术与人工智能相结合，提高支付结算的效率和安全性。

第四，金融监管。人工智能技术在金融监管领域的应用，主要包括市场监控、风险预警、监管合规等。通过大数据分析和机器学习算法，人工智能技术可以实现对金融市场的实时监控，提高金融监管的效率。

（三）金融管理中人工智能技术的应用策略

第一，数据安全和隐私保护。金融行业涉及大量敏感数据，人工智能技术在金融管理中的应用，需要解决数据安全和隐私保护问题。对策包括加强数据安全管理、采用加密技术、建立完善的数据安全防护体系等。

第二，技术标准和规范。金融管理中人工智能技术的应用，需要统一的技术标准和规范，以确保技术的安全、可靠和有效。对策包括加强金融科技领域的国际合作、推动技术标准的制定和实施等。

第三，人才培养和引进。金融管理中人工智能技术的应用，需要大量具备金融知识和人工智能技术的人才。对策包括加强金融科技人才培养、引进国际顶尖人才、推动产学研一体化等。

第四，法律法规和监管政策。金融管理中人工智能技术的应用，需要相应的法律法规和监管政策进行规范。对策包括完善金融科技法律法规体系、加强金融监管科技研究、推动监管政策创新等。

四、金融管理中区块链技术的应用

区块链技术是一种去中心化的分布式账本技术，它通过将数据分散存储在网络中的多个节点上，实现数据的去中心化管理和安全性保障。区块链技术的核心特点包括：去中心化、不可篡改、透明性和安全性。这些特点使得区块链技术在金融管理中具有广泛的应用前景。

（一）区块链技术在金融管理中的优势

第一，提高交易效率。区块链技术的应用可以提高金融交易的效率，减少交易环节和中间环节，降低交易成本。例如，在跨境支付中，区块链技术可以实现实时、低成本的资金转移，提高支付效率。

第二，增强数据安全性。区块链技术的应用可以增强金融数据的安全性，通过分布式账本和加密算法，保护数据不被篡改和泄露。例如，在金融交易中，区块链技术可以确保交易数据的真实性和完整性。

第三，提高透明度。区块链技术的应用可以提高金融交易的透明度，通过将交易数据公开存储在区块链上，实现交易的可追溯性和透明性。例如，在供应链金融中，区块链技术可以追踪货物的来源和去向，提高供应链的透明度。

第四，降低欺诈风险。区块链技术的应用可以降低金融交易中的欺诈风险，通过智能合约和身份认证等技术，确保交易的真实性和合法性。例如，在股权众筹中，区块链技术可以确保投资者的权益得到保护，降低欺诈风险。

（二）区块链技术在金融管理中的应用

第一，数字货币。区块链技术最初被应用于数字货币领域，如比特币。数字货币作为一种去中心化的货币形式，通过区块链技术实现交易的透明性和安全性。在金融管理中，数字货币的应用可以提高交易效率、降低交易成本，并减少欺诈行为。

第二，智能合约。智能合约是一种基于区块链技术的自执行合同，它的执行过程由代码控制，不需要人工干预。智能合约的应用可以提高金融合同的执行效率和安全性，减少合同纠纷和风险。例如，在供应链金融中，智能合约可以用于自动执行付款和交货的流程，提高交易效率。

第三，股权众筹。股权众筹是一种基于区块链技术的融资方式，通过将股权分散存储在网络中的多个节点上，实现股权的透明性和安全性。股权众筹的应用可以为创业企业提供更加便捷和低成本的融资渠道，同时也为投资者提供更多的投资机会。

第四，供应链金融。供应链金融是一种基于区块链技术的金融服务模式，通过将供应链中的各个环节的信息存储在区块链上，实现信息的透明性和安全性。供应链金融的应用可以提高供应链的效率、降低融资成本，并减少欺诈行为。

第五，身份认证。身份认证是一种基于区块链技术的身份验证方式，通过将个人的身份信息存储在区块链上，实现身份信息的透明性和安全性。身份认证的应用可以提高金融交易的安全性、减少欺诈行为，并保护个人隐私。

总之，区块链技术在金融管理中的应用具有广泛的前景和潜力。通过提高交易效率、增强数据安全性、提高透明度和降低欺诈风险等，区块链技术可以提升金融管理的效率和安全性。然而，区块链技术的应用也面临着技术成熟度、法律监管和数据隐私等挑战。随着科技的不断发展和创新，相信区块链技术在金融管理中的应用将会更加广泛和深入，为金融行业带来更多的机遇和挑战。

（三）供应链金融管理中的区块链技术应用

1.完善供应链金融管理的优势

（1）实现全过程掌握。区块链技术具有去中心化、不可篡改和可追溯的特点，这使得应用区块链技术的供应链金融管理能够实现全过程掌握。通过区块链技术，供应链中的每一个环节都可以被记录下来，形成一个完整、透明的信息链。这样，金融机构和企业可以实时了解供应链中的物流、信息流和资金流情况，从而更好地把握供应链的整体运作状况，优化决策。

（2）实现穿透式监管。在传统的供应链金融管理中，由于信息的不对称和信任缺失，金融机构往往难以对供应链进行穿透式监管。而应用区块链技术后，供应链中的每一笔交易都被记录在区块链上，且不可篡改。这使得金融机构能够实时、准确地掌握供应链中的资金流向和货物流向，实现对供应链的穿透式监管。这种监管方式不仅有助于提高供应链的透明度，还能有效防范金融风险。

（3）降低管理成本。传统的供应链金融管理涉及多个参与方和复杂的操作流程，导致管理成本较高。而区块链技术的应用可以简化操作流程，提高管理效率，从而降低管理成本。具体来说，区块链技术可以实现信息的自动验证和共享，减少人工干预和重复劳动，提高工作效率。此外，区块链技术还可以降低信息不对称带来的风险成本，进一步提高供应链金融管理的整体效益。

（4）挖掘潜在价值。应用区块链技术的供应链金融管理不仅可以优化现有业务流程，还可以挖掘潜在价值。通过分析区块链上记录的交易数据，金融机构和企业可以发现供应链中的潜在商机和风险点，从而制定更加精准的市场策略和风险管理措施。此外，区块链技术还可以促进供应链金融服务的创新，如基于区块链的供应链融资、数字货币支付等，为供应链金融领域带来新的发展机遇。

（5）防范税务风险。在传统的供应链金融管理中，由于信息不对称和信任缺失，税务风险难以有效防范。应用区块链技术后，通过分析这些数据，税务机关可以及时发现并打击偷税漏税等违法行为，降低税务风险。同时，区块链技术还可以提高税收征管的效率和准确性，为税收征管工作带来便利。

2. 构建区块链金融体系

为了充分发挥区块链技术在供应链金融管理中的优势，需要构建一个完善的区块链金融体系。具体而言，可以从以下几个方面入手：

（1）建立统一的区块链标准与规范。为了推动区块链技术在供应链金融领域的广泛应用，需要建立统一的区块链标准与规范，确保不同系统之间的兼容性和互操作性。这有助于降低技术门槛和成本投入，提高整个行业的运行效率。

（2）加强数据安全与隐私保护。在应用区块链技术构建区块链金融体系时，必须高度重视数据安全与隐私保护问题。通过采用先进的加密算法和隐私保护技术，确保供应链金融数据的安全性和可信度。同时，加大对数据使用的监管和审计力度，防止数据泄露和滥用行为的发生。

（3）培养专业人才与团队。为了推动区块链金融体系的建设和发展，需要加强专业人才的培养和引进工作。通过建立完善的人才培训体系、激励机制以及合作与交流平台等措施，吸引更多的优秀人才投身于区块链金融领域的研究与实践工作。

（4）推动政策与法规的完善。在应用区块链技术构建区块链金融体系的过程中，需要不断完善相关政策与法规体系，以提供有力的法律保障和支持措施。通过明确各方责任与权利、规范市场秩序以及加大监管与执法力度等措施来维护市场的公平竞争和良性发展环境。

五、数据挖掘技术在金融管理决策中的应用

数据挖掘技术是一种从大量数据中通过算法搜索隐藏于其中的信息的过程。它涉及到数据预处理、模式识别、数据分析等一系列步骤，旨在从数据中提取有用的信息和知识，以支持决策制定和知识发现。基于数据挖掘技术构建金融管理决策支持系统，可以达到方便查询、准确统计以及维护的目的，使不同部门的各项工作能够有序进行，使决策人员获得最新的金融信息，然后运用先进的数据挖掘技术与方式，挖掘并利用相关历史数据，完成对有价值信息的提取任务，方便落实决策管理工作。

（一）数据挖掘的常见方法

第一，有效利用决策树方法，将其运用到数据分类当中，实现信息论中的信息增益效果，可以获得数据库当中最大信息量字段，构建出相应的决策树，然后根据字段的不同取值，形成树的分支。从各个分支子集当中以重复的形式，可以构建树的下层节点与分支，构建决策树。与此同时，实施剪枝处理，随后将决策树转化成一种规则，合理分析一些新兴事物。

第二，科学运用遗传法。通常情况下，能够进行分类与关联规则的深入挖掘。依据达尔文进化论当中的基因重组、突变以及自然选择等情况，借助组合、繁殖的解法，能够发挥出其良好的作用。

第三，合理应用人工神经网络。通常可以进行分类、聚类以及特征挖掘与分析。在结构当中模仿生物神经网络，借助简化、归纳以及提炼等形式，实现集中化处理的效果。将模拟与学习规则当作重中之重，构建不同类型的神经网络模型，诸如，常见的前馈式网络、反馈式网络以及自组织网络等。

第四，有效运用粗糙集理论。粗糙集理论是一种处理不精确、不确定与不完全数据的数学工具，它可以用来构建决策支持系统模型，以辅助金融管理决策。在金融管理决策中的应用可以帮助分析师更好地理解和处理复杂的数据，提高决

策的准确性和效率。通过构建决策支持系统模型，粗糙集理论能够为金融机构提供有力的分析工具，帮助它们在风险控制、资产管理等方面做出更明智的决策。

第五，科学利用关联规则方法，可以从大型关系数据库当中找到合理的关联模式，并且深入挖掘出半结构化数据信息，然后利用统计方式，及时归纳与提取相关数据信息。

（二）数据挖掘技术下金融管理决策支持系统的构建

科学运用数据挖掘技术，构建出金融管理决策支持系统，明确具体的结构框架体系。

第一，科学分析用户决策的需求，全面展示与呈现决策相关的情况，为用户提供精准、全面的决策支持。

第二，为确保数据的准确性和可追溯性，明确数据来源，并构建高效、稳定的数据仓库。

第三，参考不同任务类别的特点，如归类、回归分析以及聚类等，科学设计并选用适合的数据挖掘算法，以确保其在实际应用中发挥最佳效能。

第四，在数据挖掘分析过程中，选取合理的方法，实现逐层综合的效果。同时，科学调用相关数据挖掘功能，从以往的历史数据中提取综合数据，并存储为库文件，以便深入挖掘数据中有价值的信息。

第五，为确保知识的准确性和一致性，有效测试并评价相关知识，提高其利用率，为用户提供更为可靠、准确的决策支持。

第六，为加快应用开发速度，结合用户实际需求，构建金融管理决策支持的数据仓库集成界面和应用程序，帮助用户在决策支持过程中获取更多知识，提高决策效率和质量。

第三节　金融管理信息化建设的创新策略

一、中国信息化建设发展

信息化是建立在信息技术、产业发展与信息技术在社会经济各部门扩散的基础上，以信息技术的工具性支撑和创造性应用影响社会生产和生活方式的过程。以推动高质量发展为主题，建设数字中国为总目标，以加快数字化发展为总抓手，发挥信息化对社会的驱动引领作用，以推动新型工业化、信息化、城镇化、农业现代化同步发展，加快建设现代经济体系。从信息技术到数字技术，从信息化到数字化，从支撑服务到创新引领，信息化的技术内涵持续演进，信息化应用的广度深度不断延展，信息化的技术—经济范式酝酿突变。

面向新时代新征程，把握新时期信息化的内涵特征，总结党的十八大以来我国信息化建设的成功经验，明确信息化驱动引领经济社会高质量发展的时代使命、路径选择与未来趋向，具有重要的理论与实践意义。

（一）信息化的演进与价值

1.信息化的演进

信息技术一般指主动处理并且存储、传递信息的以机器为基础的技术。信息化 1.0 始于 20 世纪 80 年代，伴随硬件芯片和软件操作系统的进步，个人电脑开始大规模普及应用，该时期以单机操作、办公自动化、纸介质信息的数位化为主要特征，不仅促使计算机信息管理系统取代纯手工处理，也让个人的信息获取、存储和处理效能进步神速，组织的劳动生产率明显提升。

信息化 2.0 始于 20 世纪 90 年代中期，经历了桌面互联网（1995—2011 年）和移动互联网（2012—2019 年）的大规模部署与广泛使用，在实现人与人信息高效连接、任务实时协作的同时，也加速个人、组织、产业和社会行为数据的流转与汇聚。这一时期以信息实时交互、人机网络互联为主要特征，与物理世界相对应的数字虚拟世界孕育发展，信息技术趋向融合，信息化应用驱动个人、组织、产业和社会转型升级。

2015 年以来，全球信息化进入全面渗透、跨界融合、驱动转型、引领发展的新阶段。信息技术创新代际周期大幅缩短，信息技术与其他新技术加速演进融合，信息化应用潜能裂变式释放，数据资源体量指数式增长，更快速度、更广泛、更深程度地引发新一轮科技革命和产业变革。概括来看，新时期信息化的内涵呈现客体扩展、角色转变、发展深化、价值跃迁四大新特征。

2. 信息化的价值

（1）要素重构。各类信息化应用产生的海量数据交互、融合、共享、流通，提高劳动、资本、技术、土地等传统要素资源配置效率。

（2）价值创新。"数据＋算法"驱动的用户侧需求洞察和供给侧定制设计，促进供需联动，激发应用场景和模式业态创新。

（3）网络重塑。随着数据来源的丰富，数据体量的增大，数据要素之间、数据要素与其他生产要素之间建立链接网络，通过直接网络和间接网络效应，逐步形成具有自生长、自响应、自反馈的数据空间生态系统，不仅重塑原有的生态体系，也增进数据要素的共享普惠。

（二）信息化建设的成功经验

1. 适度超前建设，夯实发展基础

信息基础设施是信息化发展的基石，是具有通用技术特征的新一代信息技术扩散的重要表现，兼具技术密集和普遍服务的双重特点，同时也是建设网络强国、数字中国和智慧社会的先决条件。

我国已建成全球规模领先、技术先进、性能优越的信息基础设施，面向高质量发展需要的信息基础设施，以提供数字转型、智能升级、融合创新等服务为宗旨。我国政府采用顶层设计、滚动规划、建用互促的统筹思想，通过综合性政策鼓励，专项性政策扶持以及配套性政策支持，以 5G 网络、全国一体化数据中心、工业互联网等为抓手，适度超前建设信息基础设施，打通信息"大动脉"，筑牢夯实了社会高质量发展的"数字底座"。

2.助推治理体系，强化发展保障

信息化的发展和繁荣、社会的转型升级离不开国家治理体系和政府治理能力现代化的同步推进。强化互联网思维，利用互联网扁平化、交互式、快捷性优势，推进政府决策科学化、社会治理精准化、公共服务高效化，用信息化手段更好感知社会态势、畅通沟通渠道、辅助决策施政。我国政务信息化得到了长足发展，从技术支撑的政务管理转向技术赋能的服务治理，展现三大变化：

（1）从科层式有距离感的分级管理向线上线下一体的无缝服务转变。以数字化、网络化、智能化技术为依托，变"群众跑腿"为"数据跑路"的服务新模式，不仅推动数字政务服务向"多服务汇聚，全流程在线"深化，还呈现"人口上移、服务下沉"态势，政务服务的"难点""堵点"和"痛点"逐渐消解。

（2）从政府管理走向更加开放、更为科学的政务治理。随着政务信息公开、数据开放等制度的建立，公众可以第一时间获取政务信息，民众参与、社会监督的协同共治方兴未艾。

（3）政务运行由传统的手工作业趋向智能处理。在线智能客服，拓展政务服务交互渠道；流程机器人应用，加快公务批文智能流转；舆情大数据监测，洞察民情社情。网信事业发展必须贯彻以人民为中心的发展思想。要适应人民期待和需求，加快信息化服务普及，降低应用成本，为老百姓提供用得上、用得起、用得好的信息服务。

（三）信息化建设的发展趋势

在全球加速迈入万物智联、泛在协同，以数据生产要素和数字化生产力为主要特征的新时代，坚持信息化驱动引领社会高质量发展，不仅对我国社会转型和国家治理现代化提升影响深远，还将影响各国竞争位势和全球数字化发展格局。

第一，深化创新驱动，引领更高质量发展。深化信息化基础研究，构建信息技术产业生态体系，强化企业创新主体地位，推动高校、院所、企业等开展高效合作，建立线上线下开放式、协同化、网络化平台，形成基于创新链共享、供应链协同、数据链联动、产业链协作的融通发展模式，推进产业基础高级化、产业链现代化，提升产业链供应链现代化水平。

第二，优化要素资源配置，推动更有效率发展。持续深化"放管服"改革，推动有效市场和有为政府更好结合。建立健全运用互联网、大数据、人工智能等技术手段进行行政管理的制度规则，打破部门和行业数据壁垒，提升要素资源配置效率、公共产品供给效率、政府组织运行效率。有序推动数据跨境流动，加快数字贸易发展，打造更加开放、透明、包容的全球数字贸易发展新生态。

第三，支撑共建共治共享，促进更加公平发展。加快弥合数字鸿沟，补齐农村地区信息基础设施短板，提升信息弱势群体数字技能。统筹城乡区域发展，深化区域信息化一体化发展。补齐民生保障和社会服务弱项，健全覆盖全民、统筹城乡、公平统一、可持续的多层次社会保障体系，强化应急管理、公共卫生和疾控体系建设，促进体系化、数字化、集约化、精准化发展。充分考虑老年人和特殊群体需求，倡导数字产品人性化设计，增强数字包容性。加强和创新信息化在基层社会治理中的应用，真正让人民群众成为社会治理的最广参与者、最大受益者、最终评判者。

第四，推进绿色智慧生态文明建设，实现可持续发展。推广智能绿色制造、绿色高效能源、信息载体绿色化，发展智慧物流，倡导低碳出行，形成绿色低碳文明的生产、生活和消费模式。强化生态环境数字化治理，保护生物多样性，完善污染防治机制。以人民健康为目标，催生数字健康新技术、新业态、新生态，重塑医药卫生管理和服务模式，增进群众健康福祉。

第五，防范化解风险，确保安全发展。全面加强网络安全保障体系和能力建设，深化关口前移、防患于未然的安全理念，压实网络安全责任，加强网络安全信息统筹机制建设，形成多方共建的网络安全防线。开发网络安全技术及相关产品，提升网络安全自主防御能力。完善相关法律法规和技术标准，规范各类数据资源采集、管理和使用，避免重要敏感信息泄露。强化新技术应用安全风险动态评估，逐步探索建立人工智能、区块链等新技术的治理原则和标准，确保新技术始终朝着有利于社会的方向发展。

二、金融管理信息化建设的必要性

（一）优化企业资源配置与内部效率

"随着信息技术在金融管理中的应用，形成金融管理工作中的信息化建设体系，不仅起到了稳定工作、有序开展的重要作用，也成了金融管理体系中的主要工具和载体。"[1] 在当今快速变化的商业环境中，企业资源配置与内部效率的优化显得尤为关键。这不仅关乎企业能否在激烈的市场竞争中立于不败之地，更直接决定其长远发展的潜力与可持续性。因此，深入探讨企业资源配置与内部效率的重要性及其实现途径，对于指导企业实践、推动管理创新具有不可忽视的价值。

第一，企业资源的合理配置是实现内部效率提升的基础。资源，作为企业运营与发展的核心要素，其配置方式直接决定企业各项活动的顺利与否。一个高效的企业必然能够在有限的资源条件下，通过科学的配置手段，确保各项资源能够按需分配、合理流动，从而最大限度地发挥资源的效用。这不仅能够避免资源的浪费和闲置，更能够提升企业的整体运营效率和盈利能力。

第二，企业内部工作效率的提升是资源配置优化的自然结果。当企业能够根据自身的发展战略和市场需求，对人力、物力、财力等资源进行合理配置时，其内部的各个部门和环节都能够得到恰到好处的支持和保障。这不仅能够减少不必要的内耗和摩擦，更能够激发员工的工作积极性和创造力，进而形成一种良性循环：资源配置越合理，内部效率越高；内部效率越高，企业竞争力越强。

（二）创新金融的新产品与服务

在金融行业，产品与服务的创新是推动行业发展的核心动力。随着科技的进步和市场的变化，传统的金融产品和服务已经难以满足日益多样化的客户需求。因此，金融机构必须不断推陈出新，通过创新来拓宽业务领域、提升服务品质，以赢得客户的信赖和市场的认可。

金融产品与服务的创新发展不仅能够满足客户日益增长的个性化需求，更能够引领行业的发展方向。通过运用大数据、人工智能等先进技术，金融机构可以深入挖掘客户的潜在需求和行为模式，从而推出更加贴合市场需求的金融产品和服务。这不仅能够增强金融机构的市场竞争力，更能够推动整个金融行业的进步和发展。

（三）制定有效的金融风险管理体系

金融风险管理是确保金融行业稳健运行的关键环节。随着金融市场的日益复杂和全球化趋势的加强，金融机构面临着越来越多的风险和挑战。因此，建立健

---

[1] 朱婷. 信息化建设在金融管理中的应用分析 [J]. 上海商业，2023，（1）：83.

全的风险管理体系，提高金融风险管理的效能，对于保障金融机构的安全运营、维护金融市场的稳定具有重要意义。

通过运用先进的风险管理技术和方法，金融机构可以更加准确地识别和评估各种潜在风险，从而制定出更加有效的风险应对策略。这不仅能够降低金融机构的风险敞口，更能够提升其风险定价能力，为股东和客户创造更大的价值。

（四）金融市场监管与国际化

在金融市场监管方面，强化对金融企业的市场监管是保障金融市场健康发展的重要手段。通过建立健全的监管体系和监管机制，可以确保金融企业在遵循市场规则的前提下开展业务活动，从而维护市场的公平、公正和透明。这不仅能够保护投资者的合法权益，更能够提升金融市场的整体效率和稳定性。同时，加快金融市场的国际化和全球化步伐也是当前金融市场发展的重要趋势。随着全球经济一体化的深入推进，金融市场之间的联系和互动日益紧密。因此，推动金融市场的国际化和全球化不仅能够拓宽金融机构的业务领域和市场空间，更能够促进全球范围内的资本流动和资源配置优化。这对于推动世界经济的发展和繁荣具有重要意义。

此外，在金融市场监管和国际化的过程中，提升金融监管效率也是至关重要的。通过运用先进的监管技术和手段，可以更加高效地对金融机构进行监管和评估，从而及时发现和纠正金融机构存在的问题和风险。这不仅能够提升监管的针对性和有效性，更能够降低监管成本、提高监管效率，为金融市场的健康发展提供有力保障。

三、金融管理信息化建设的创新途径

（一）加强企业内信息化管理队伍的建设

第一，开放社会性招聘，吸纳优质信息化技术人才。建立相对完善的信息化管理队伍，企业负责人可以优先关注"引流"，即把招聘条件适当放宽，面向社会招聘优质的信息技术人才，不再将金融经济专业作为行业招聘的唯一准则，使企业的人才资源呈现更加多样化的态势。同时，随着新鲜血液的注入，原有的较固化的管理队伍也将进行一定的调整，对强化企业信息化管理队伍的建设具有实际价值。

第二，加强企业内部培训，提高现有人才队伍的专业能力。除引进专业人才资源外，企业要想更加高效地完善当前内部管理队伍的建设模式，还可以从培养现有人才资源的层面着手，即利用统一学习、培训的形式，组织原有的金融管理专业从业者进行相应的信息化学习。这样的方式更适用于新建立的小微金融管理企业，它不仅能够巧妙地避免不断接收新人对企业形成的经济压力，还利于打造出一支全面发展的专业团队。但对于部分大型且成立年限较长的企业来说，其作用相应降低。因此，不同的企业在建立信息管理化人才队伍时，要根据自身的发展现状，进行适用性分析。

（二）建立健全体系化企业信息交流平台

为搭建大型信息交流网，政府和市场管理部门要加强自身的带动性。上级部门应针对金融管理行业的发展，进行一定程度上的"软""硬"件设施革新，以此建立健全体系化企业信息交流平台，接收内外双方的信息化管理辅助，实现自身管理能力的进一步提升。

1.优化全企业的经济总布局，构建信息化金融网

从企业外角度来看，要想构建相对完善的体系化金融管理信息网，市场可以优先带动各企业进行信息化管理模式的革新，使市场的"牵头"作用进一步体现，同时，各企业也将拥有一致的生产发展目标，这对整个行业的凝聚性能够起到积极的发展意义。要确保市场的牵头方向与效率，相关管理人员可以从全企业的经济总布局角度进行思考与创新，即借助信息平台的优化、加强信息化建设的有效传播等方式，激励各企业积极提升自身信息技术应用水平，促使企业上传至平台的信息能够辅助市场形成相应的信息数据网，进而使其更加有效地反作用于各企业的发展。在进行全企业经济总布局优化的过程中，市场可以规划设置一个相对具体的组织部门，对各金融管理企业进行统一化管理，并提供一定的信息技术辅助业务。这种直观的管理与辅助功能不仅能够促进信息技术手段的广泛宣传，而且对于部分小微企业的信息化建设也具有积极的指引作用。此外，该组织的建设对后续互联网信息平台的搭建具有一定的指导意义。

2. 借助排名等互动信息手段，完善企业内信息化应用

在构建全企业信息网的过程中，政府相关部门除可以利用增强自身硬件设施、设定相应的组织部门等方式进行综合管理外，还可以尝试利用鼓励的形式进一步加强与企业之间的互动，并借助该手段宣传、普及信息化技术手段，促使其更为广泛地被应用于金融管理企业。对此，市场可以考虑将原有的单一化总信息体系平台进行革新，在系统平台内设定部分简单的互动环节，如信息更新排行榜、有奖反馈等，使系统总平台的登录率得到大幅提升，同时，原有的信息技术应用表面化问题也将得到有效缓解。

此外，部分小微企业存在管理能力不足的问题，市场与政府的有关管理部门，可以在信息平台组织开展系统化的线上信息技术管理应用讲座，以强化企业的信息应用思维认知。有奖反馈等环节的构建，能够进一步为信息技术平台的搭建起到指引作用，因此，该手段的巧妙应用不仅能够进一步加强金融经济信息网的连接，还能够在一定程度上推动行业的整体发展与创新。

第四章　金融管理的数字化转型与高质量发展

第一节　金融数字化转型的变革思考

一、金融数字化转型的特点与维度

金融数字化转型，顾名思义，是指金融机构利用数字技术和信息网络来推动业务流程、服务模式和管理方式的全内涵面革新。这一过程旨在提升金融服务的效率和质量，降低运营成本，增强风险控制能力，并最终实现金融行业的可持续发展。

（一）金融数字化转型的特点

第一，跨界融合性。金融数字化转型不仅仅是技术层面的革新，更是金融业务与科技、数据等多领域的深度融合。这种融合打破传统金融行业的边界，为金融服务注入新的活力和创新元素。

第二，数据驱动性。在数字化转型过程中，数据成为金融机构的核心资产。通过对海量数据的收集、分析和挖掘，金融机构能够更准确地把握市场需求、优化产品设计、提升风险管理能力。

第三，智能交互性。数字化转型使得金融服务更加智能化和个性化。借助人工智能、自然语言处理等技术，金融机构能够与用户进行更自然的交互，提供更为精准的服务推荐和解决方案。

第四，开放共享性。数字化转型推动金融行业的开放与共享。金融机构通过开放 API^①、搭建金融科技生态平台等方式，与各类合作伙伴共同创新，实现资源共享和优势互补。

（二）金融数字化转型的维度

第一，业态环境。在数字化转型的浪潮中，金融机构必须重新审视其业态环境，以适应互联网时代的挑战和机遇。这不仅意味着要提供在线金融服务，还涉及如何利用大数据、云计算、人工智能等技术，实现产品和服务的创新。金融机构需要构建一个开放的平台，与第三方合作伙伴共享资源，共同创造价值。同时，还需要考虑如何保护客户隐私和数据安全，确保在提供便捷服务的同时，不会牺牲客户的信任和安全。

第二，运营基础。金融机构的运营基础是支撑其业务连续性和效率的关键。数字化转型要求机构建立一套高效、灵活的运营体系，能够快速响应市场变化和客户需求。这包括采用先进的 IT 系统和工具，优化内部流程，减少人工干预，提高自动化水平。此外，还需要培养一支具备数字化技能的团队，能够运用新技术，推动业务创新和发展。

第三，信息处理。在信息爆炸的时代，如何有效地处理和利用海量数据成为金融机构的核心竞争力。信息处理能力的提升不仅意味着要能够收集和存储大量的数据，更重要的是要有能力从这些数据中提取有价值的洞察。金融机构需要投资于数据分析工具和人才，建立先进的数据仓库和分析平台，实现对客户行为的深入理解，从而提供更加个性化的服务和产品。

第四，交互模式。随着技术的进步和消费者习惯的变化，金融机构需要探索新的交互模式，以提供更加便捷和友好的用户体验。这可能涉及引入聊天机器人、智能客服、虚拟现实等技术，使得客户可以通过多种渠道和设备与金融机构互动。同时，金融机构还需要考虑如何通过社交媒体和其他网络平台与客户建立联系，扩大其品牌影响力。

第五，决策模式。在数字化时代，决策的速度和质量对于金融机构至关重要。金融机构需要利用大数据和人工智能技术，建立智能化的决策支持系统，以实现更快速的反应和更精准的决策。这包括风险评估、信用评分、投资建议等方面，

---

① API，全称为 Application Programming Interface，即应用程序编程接口，是一组用于构建和集成应用软件的定义和协议。通过向合作伙伴或公众提供 API，可以创造新的收入渠道，扩大品牌覆盖范围，以及提升应用程序之间数据交互的效率。

都需要借助算法和机器学习技术来提高效率和准确性。

第六，管理模式。金融机构的管理模式需要与时俱进，适应数字化转型的要求。这意味着要从传统的层级式管理转变为更加扁平化和网络化的组织结构，鼓励创新和跨部门的协作。同时，金融机构还需要建立一套有效的绩效评估体系，以激励员工采用新技术和新方法，推动业务的持续改进和发展。

二、金融数字化转型对经济高质量发展的影响与策略

金融数字化转型能够有效促进我国社会经济的高质量发展，因此，要深入开展金融数字化转型和高质量发展理论研究，充分发挥数字信息技术的积极作用，加快我国国民经济的高质量发展。数字经济的核心动力是数字技术，根据系统的理论分析，数字经济在转型重构的同时能够提升生产率和运行效率，这种促进作用在制造业中有明确的数据显示，企业金融数字化转型能够提升经济效益，促进作用凸显。

（一）金融数字化转型对经济高质量发展的影响

1.助力产业结构升级

（1）催生新型运营模式。得益于数字技术的支持，现阶段金融业务能够实现端对端的开展，并借助广泛的数据接口来联结更多市场主体，使得企业、物料、客户以及材料供应商等多方经济参与者之间能够实现信息共享，并且依托线上平台开展征信查询、支付结算甚至投融资等各项业务。如此一来不仅能够进一步增强产业链控制，同时也能扩大企业的经营空间，使其依托完善的数字金融体系开发更多运营销售模式。

（2）促进传统产业结构的内部与外部优化。数字化背景下，企业的经营管理重心逐渐向线上平台转移，依托各类智能化技术不仅能够促使企业各项业务的高效开展，同时还能够完整采集企业在日常经营期间的各项数据。如此能够有效帮助管理人员真实了解企业的发展状态，并准确把握市场外部动态信息。从而根据现实发展需求来进行成本管控、产品研发以及经营管理，有效促进传统生产销售体系的变革，同时实现整体产业结构的优化。

2.以创新驱动经济

随着我国数字经济的发展壮大，逐渐对市场原有生产要素进行全面重组。在

这一过程中不仅催生大量新兴产业，同时也为传统实体经济注入强大的创新活力，有效促进市场经济的高质量发展。

随着数字技术的推广应用，一批生产能力较差、社会贡献比率较小的传统产业正被市场快速淘汰。而数字化产业则是通过大数据等智能技术来进行产业原始数据的挖掘、采集、分析、加工、清洗、应用。如此不仅能够精准定位当前的市场空白区域，同时还能够定向开发以"数字服务"为核心的安全保障、信息产品、交易机制、设备供应等新兴产业，有效优化市场经济结构。

金融数字化转型使得新老生产要素全面融合，在这一过程中企业需要不断更新产品形态，同时通过对市场、行业、消费群体的需求研判，来对自身的业务体系与服务模式进行动态调整。有效倒逼企业加快创新升级步伐，使其充分发挥"数字赋能"优势来对自身产业模式进行调整，从而进一步推动市场经济的高质量发展。

3.构建绿色经济生态圈

构建绿色经济生态圈依赖数字化的知识与信息，与传统的土地、资本、劳动、材料等生产要素相比，有效摆脱存量上的限制，并且表现出了可复制、可循环以及可共享等一系列使用特点。使得新兴数字产业在发展过程中减少对能源与环境的依赖，仅仅通过信息交换与共享，便能够帮助企业发掘更加丰富的经济价值，并实现产品、技术以及管理等各个层面的增值，进而提高企业的经营效益。

由于数字技术具有强大的渗透力与适用性，因此能够衔接采购、生产、销售、管理等各个经营环节，从而有效贯通企业的生产链条，并实现生产要素与产品之间的互融共通。在这一背景下，企业管理人员可以通过建立内部数字管理系统，对自身的经营生产进行全流程监管。确保能够及时发现其中存在的不足，并对生产成本、方案、技术进行优化调整。如此可以将企业发展所需的各种资源进行优化配置，减少经济生产对环境造成的额外负荷，体现了良好的绿色环保效益。

（二）金融数字化转型的高质量发展策略

在如今的数字化发展背景下，企业生产过程中将数据信息作为新的因素。通过挖掘数据信息潜在的价值来为自身争取发展竞争的优势，从而树立较好的经济发展思维。为了加快金融数字化转型发展，推动我国社会经济高质量发展，就必须解决企业金融数字化转型发展过程中的问题，只有这样才能激发企业进行金融数字化转型发展的动力，促进我国经济更好的发展。

1.筑牢技术基础，促进数据共享

在数字化发展背景下，金融数字化转型的首要条件是技术支撑，企业须明确自身的发展目标及优势，加大在数据技术、智能化信息技术上的投入与研发，确保拥有坚实的金融数字化转型基础。同时，加速基础设施的建设，深入应用智能化数字技术，将企业的生产管理过程与数据分析紧密结合，通过数据的挖掘与应用，提升企业的运营效率与市场竞争力。此外，构建产业数据信息共享平台至关重要。通过搭建数据共享机制，实现产业内信息的流动与互通，使先进企业能够分享其经验与数据，带动整个行业的快速发展。这种数据共享模式不仅能减少重复投入，还能促进产业内的协同创新，提升整体竞争力。

2.加强人才培训，打造专业团队

经济的高质量发展离不开人才的支持，尤其是在金融数字化转型的过程中，对专业人才的需求更为迫切。因此，在数字化发展背景下，企业和政府应联手加强数字化人才的培养。企业需重视金融数字化转型相关人才的培养，为其提供充分的实践机会与成长空间。同时，政府也应给予一定的政策扶持，如提供培训补贴、建立校企合作机制等，以激发企业培养人才的积极性。此外，企业应根据自身的发展需求，制定合理的人才引进与招聘策略，提高数字化专业人才的福利待遇，吸引更多优秀人才加入。同时，加强内部人才的培训与教育，提升员工的数字化素养，为企业的金融数字化转型提供坚实的人才基础。

3.建立行业标准，保障信息安全

随着金融数字化转型的深入，数据信息的安全问题日益突出。因此，在数字化发展背景下，建立健全的行业标准与信息安全保护机制至关重要。政府应制定相关的法律法规，规范企业在金融数字化转型过程中的数据使用与共享行为，打击数据窃取等违法行为。同时，企业也应加强自身的信息安全防护能力，确保数据的安全与完整。通过制定信息共享的规范与管理制度，明确信息共享的范围与使用方式，确保各方能够合理利用共享平台中的数据资源，推动整个行业的协同发展。

4.降低提供金融服务的供给成本

利用金融科技手段有效降低供给成本，如大数据和云计算等新型技术手段，通过新技术的应用，企业能够对客户的海量信息完成筛选和价值挖掘，挖掘潜在的数据价值，并通过数据分析实现对实体经济的精准金融画像。企业将金融科技手段充分融入金融服务，利用金融科技手段将实体经济企业纳入金融体系，通过高质量的资源配置、有效的风险管理深化与企业的融合度，借助互联网金融科技手段实现产业升级，降低信息处理成本和信息发布成本，提供客户信用评价功能，有效进行风险评估和监督。数字化发展精准服务实体经济发展，为实体经济数字化变革提供较低成本的营商环境。

5. 塑造企业文化与基础架构

企业在进行顶层战略设计的同时，必须把握当前的发展方向和改革机遇，完善金融供给体系，结合数字经济的特征与未来发展趋势，把握数字经济的发展契机，基于转型计划，实现顶层战略设计的优化，塑造基础架构。在数字化发展背景下，要从实体经济的需求出发，在架构重塑中实现战略跃变，提高优化资源配置的战略导向能力，为战略实施提供有效支撑，使数字化经营能力成为企业主要驱动力，逐步解决实体经济的痛点问题，推动实体企业迈向高质量发展阶段。

6. 构建数据信息共享机制

（1）技术基础是实现金融数字化转型发展的重要基础之一，企业金融数字化转型失败大多是因为缺乏坚实的基础技术，导致企业数字化发展缺乏动力。因此，企业必须明确自身的发展需求和特点优势，加大投入技术研究成本，重视数据技术研发，扎实构筑技术基础。鉴于技术的应用性，企业还要加快技术基础设施的建设速度，同时，要对数据进行全面整理与分析，挖掘数据信息的内在价值，遇到问题及时解决。通过对全面数据信息的挖掘和价值利用，推动企业金融数字化转型发展。

（2）为了更好地应用智能化数字信息技术，企业需要重视数据信息共享机制的建设，打造高效的信息共享平台，从而为企业数据信息的共享奠定坚实基础；加强对数据信息共享机制的投入，整合各类资源，优化数据采集、存储、处理和分析等环节，确保数据的准确性和完整性；重视信息共享平台的搭建，实现数据资源的快速共享和高效利用，打破部门壁垒，促进跨部门协同，提高企业整体竞争力；推动数据流动，加强数据质量管理，提升数据处理能力，通过数据挖掘、分析和应用等技术手段，将静态的数据转化为动态的信息，推动企业运营的优化和升级。

（3）企业可以在平台分享相关经验，帮助其他企业步入转型发展，加强企业间联系与沟通，构建数据信息共享机制，加快企业金融数字化转型步伐。企业可分享成功案例和经验教训，减少其他企业摸索时间，共同应对市场变化和挑战。数据信息共享可降低研发成本，提高工作效率，实现优势互补。加强企业间联系与沟通，形成协同创新氛围，推动产业链升级。平台互动合作还能促进政策和法规完善，为企业创造良好发展环境。

三、金融数字化转型的实践

（一）农村金融数字化转型与农业发展的协同作用

农村金融数字化转型是指基于互联网和信息技术的金融业务模式和服务方式的改变。通过数字化技术，农村金融机构可以与农民建立起密切联系，提供更加便捷、高效的金融服务，推动农业发展和农民脱贫致富。这使得农村金融不再受限于地理和人力资源，农民可以通过手机银行、微信支付等方式随时支付。

农村金融数字化转型为农业提供更多金融服务和产品，提升农村金融风险管理能力，促进农业生产的现代化，推动农村经济的多元化发展。所以应加大对农村金融数字化转型的支持力度，不断完善农村金融数字化转型的相关政策和措施，促进农村金融数字化转型与农业发展的深度融合，为农民提供更加便捷、高效的金融服务，推动农业可持续发展和农民脱贫。

1.农村金融数字化转型对农业发展的影响

数字化转型使金融服务更容易触及农村地区，农民可以更便捷地获得各种金融产品和服务，包括储蓄、贷款、保险等。这有助于提高农村金融的普及度，使更多农民能够参与金融活动，有效地管理农业经营和风险。数字化金融工具如移动支付和在线银行为农民提供更便捷的金融服务，使他们能够更容易地获取贷款和资金支持农业投资。这有助于提高农业生产效率，促进农业现代化。数字化金融转型使金融机构能够更好地管理风险。通过大数据和人工智能技术，金融机构可以更准确地评估农业项目的风险，并提供相应的金融产品，帮助农民更好地管理自然灾害、市场波动等风险。

数字化转型加强农村金融与农业产业的互动与融合，金融机构可以通过数字化手段更好地理解农民的需求，为他们提供定制化的金融产品和服务。这有助于农村金融更好地满足农业产业链上各个环节的需求，推动农村经济的升级。农村金融数字化转型还有助于推动农村地区的可持续农业发展。通过数字技术的应用，可以提高农业资源利用效率，减少浪费，降低生产成本，促进绿色农业和可持续农业高质量发展。

2. 农村金融数字化转型面临的策略

（1）为了保障数据的安全，应建立一个周密的数据管理系统，这个系统应该包括对数据的加密处理、严格控制访问权限以及对系统漏洞的及时修补等核心策略。只有这样，我们才能确保在数据的存储和传输过程中，无论面临什么样的挑战和威胁，都能得到全面而有效的安全防护。

（2）完善法律法规和监管政策，严格规范金融机构和科技企业在数据处理的全过程，确保合法运行。明确责任与义务，制定实施细则，防止数据滥用和隐私泄露。加强金融行业从业人员的数据安全意识培训，提升行业整体安全水平，有效防范潜在风险。确保数据隐私保护成为金融行业发展的内在动力和共识。

（3）积极地倡导和激励金融科技企业投入更多的研发资源，去创造和优化更为先进和安全的数字化金融技术。比如，可以重点发展和应用生物识别技术、区块链等前沿科技，这些技术在提高数据处理效率的同时，也能大幅增强数据的安全性。通过这样的技术进步，不仅能够更好地保护金融消费者的个人信息安全，防止数据泄露和被滥用，还能够有效提升整个金融行业的服务水平和风险管理能力，为构建更加健康、稳定和可持续发展的金融市场环境奠定坚实的基础。

（4）针对农村地区，引导农民形成良好网络使用习惯，降低数据泄露风险。开展金融知识普及活动，提升农民金融素养。金融机构应设计易懂的产品和服务，降低门槛。政府和金融机构应加强金融文化宣传，提高农民对金融数字化转型的认同感和信心。

（二）消费金融数字化转型的实施

消费金融数字化转型是指消费金融机构利用现代信息技术，如大数据、云计算、人工智能等，对传统的业务模式和服务流程进行改造和升级，以提高服务效率、降低运营成本、增强风险控制能力，并提供更加个性化、便捷的金融服务，以适应数字化时代的市场需求和竞争环境。我国消费金融数字化转型是构建国家创新生态系统的重要组成部分；在中观层面，消费金融围绕产业价值链为公众提供金融服务，通过内外部价值链协同创新，形成价值创造的"延续性效应"。

1. 消费金融数字化转型的驱动要素

基于创新生态系统的构成层次理论，分别从宏观、中观、微观视角考察消费金融数字化转型的驱动因素。

（1）国家层面：宏观政策为消费金融数字化转型提供顶层支持。在国家创新生态系统的整体框架下，中央坚持扩大内需战略，高度重视金融数字化转型基础设施建设，加快金融科技发展规划，大力推进数字中国建设，为消费金融数字化转型提供有力的政策支持。

第一，国家数字经济发展规划为消费金融数字化转型提供制度支撑。加快推进金融数字化转型，合理促进数字技术的深化应用。借助金融科技加快消费金融线上化、数字化步伐，加大消费金融对绿色消费的支持和保障作用。因此，国家相关经济发展规划为促进消费金融线上化、数字化转型升级以及培育全产业链、全价值链的数据要素流通与服务生态提供制度支撑。

第二，金融行业发展政策为消费金融数字化提供战略方向与实践指导。在国家顶层相关政策的指导下，关于金融标准化、金融科技应用和数字化转型等的系列文件相继出台，明确了消费金融数字化转型的总体方针，为消费金融数字化转型提供战略方向与实践指导。国家一系列关于金融与科技的发展规划，都明确了金融数字化转型在促进我国金融业高质量发展与数字经济发展中的重要性，这为我国实现金融科技与消费金融深度融合，实现消费金融数字化发展提供原动力。

（2）产业层面：产融结合驱动消费金融数字化转型。

第一，新竞争格局驱动数字化转型。消费金融服务主体多元化，行业合作趋势明显，覆盖线上线下消费领域。数字化时代催生新兴产业，形成新型竞合关系，促进消费金融与实体产业共生发展，形成高效数字化经营模式，构建数字化生态系统。

第二，消费金融产业价值链延伸推动产业数字化。金融服务渗透到消费和产业发展各领域，数字技术赋能产业协同，为消费金融及其利益相关方提供新发展模式。

（3）企业层面：征信系统与金融科技助力消费金融数字化转型。

第一，征信系统建设带动消费金融数字化转型。征信系统建设为消费金融机构提供快速、准确的数据采集、整合和分析等数字化服务，帮助实现更加精准的信贷风险控制，有效防范个人信息泄露问题；征信系统所构建的公正、透明的征信数据共享机制，促使消费金融机构间共享客户信息，从而提高信用评估的准确性，为客户提供精准服务，实现供需两侧精准匹配；征信系统建设为消费金融机构提供更多的业务拓展机会，金融机构通过分析征信数据筛选有借贷需求且信用良好的客户群体，为其提供更有效率、更高质量的消费金融服务。

第二，金融科技助力消费金融数字化快速发展。数字经济下，金融科技与消费金融融合加速。金融机构加大投入，广泛应用人工智能、区块链等技术在消费金融的全流程，如获客、征信、审批等。这有效促进了消费金融行业规模增长和结构优化，形成新动能，覆盖更广消费群体，推动数字化转型。深化数字技术应用，拓展金融服务边界，构建创新生态。金融科技与消费金融深度融合，重塑行业格局，出现新型商业模式，进一步推动数字化转型。

（4）消费者层面：消费升级拉动消费金融数字化转型。

第一，供给侧精准服务刺激消费需求。数字金融发展促进消费金融数字化，刺激居民消费，助力普惠金融。消费金融作为支持消费的金融服务，市场机遇大。数字化手段助力精准识别与匹配客户，挖掘长尾客群潜力，满足多样化消费趋势。同时，消费金融机构与场景端、产业链合作，提高场景获客能力，构建"金融+N"的创新生态系统。

第二，需求侧消费升级推动数字化。数字经济和支付创新推动消费持续升级。为满足需求变化，消费金融产业链需快速响应，进行产品创新、服务升级和渠道优化。供应链上企业需反向调整产品、进货、库存、物流服务，提供个性化服务。消费金融机构、场景端商家、服务提供商不断创新服务，满足市场和客户需求。消费需求升级推动消费金融机构细分客户，推出多样化产品，与场景端商家、支付产业合作，提供实时、精准服务，满足人民生活需求。

2.消费金融数字化转型的实施路径

（1）创造消费金融数字化转型的协同创新环境。

第一，加大政策支持力度，推动消费金融数字化转型。加大政策支持，推动消费金融数字化转型，强化数据安全与信用体系建设，政府与市场双轮驱动，构建大数据征信与保护体系，解决数据协同问题。探索金融创新生态系统的大数据技术配套标准，制定国家、行业数据标准与信息共享机制，促进数据有效运用。构建政产学研用金联盟，提高创新效率，加速成果转化。

第二，为全面响应市场需求导向，与场景端及互联网平台展开深入合作，致力于构建覆盖全生命周期的金融服务体系。通过运用大数据等先进技术，将深入挖掘消费者行为数据，构建详尽的消费者画像，以精准识别并满足其消费偏好。场景端企业将依托这些消费偏好进行产品研发，并与供应链紧密合作，以实现供需双方的优化匹配。同时，消费金融机构将制定个性化的服务方案，打造具有差异定位、高效获客和智能风控等特色的发展模式。资金端将提供多层次的融资服务，以满足金融机构的多样化需求，并提升资金供给的质效。各方将协同合作，推动信息、资金、物流和商流的深度融合，实现多主体之间的价值共创与共享。

（2）搭建消费金融数字化转型的产业价值协同创新网络。

第一，补链强链，构建数字化转型的产业价值创新网络。针对消费金融产业的短板，完善征信体系、风控体系，强化金融科技监管，引进和培养人才。发挥消费金融与数字技术融合优势，提升数据流通效率，加强数字化和智能化在内外价值链的应用，提升服务质效。

第二，推动消费金融与多产业跨界融合，形成产业间协同创新网络。以消费需求为导向，优化重构产业价值链，实现线上线下全场景数字化协同服务。促进消费金融与农业、工业、服务业的数字化转型融合发展，形成产业间合作共赢的价值协同创新网络，并推动消费下沉，助力乡村振兴。

（3）增强消费金融数字化转型创新主体的协同创新能力。

第一，搭建创新生态系统内各主体价值共创机制，增强主体间协同创新效应。其一，坚持消费需求导向，打通消费金融机构与产业链上下游企业深度链接，推动数据、平台、技术、人才等创新要素的高效匹配和动态优化，推动数字化协同平台建设与组织模式创新，构建多方联动的开放创新生态，带动产业链上、中、下游的数字化转型。其二，强化消费金融机构与政府、市场、高校、科技企业、消费者等其他创新主体之间的协同创新。政府立足于创新生态系统内产业发展特色，精准设计产业扶持政策，引导主体协同创新和规范市场环境；以政府引导基金精准引导社会资本投入，建立市场信息反馈机制和以市场需求为导向的统筹协调机制；加强政产学研用金联盟多方协作，瞄准产业创新发展前沿，共同建立技术研发与资源共享平台，加速技术成果转化；高校立足系统内人才发展需求，实现人才输出与创新主体需求精准对接，促进产业链、创新链和人才链的深度融合；加快消费金融机构与消费场景端合作，以数字化手段将线上线下全渠道消费者引入消费金融服务生态系统，为协同创新提供面向市场的需求支撑。

第二，推动创新主体与创新要素、创新网络与创新环境之间的协同演化。其一，要以消费需求为导向，借助数据、平台、技术、人才等方面的创新要素协同，完善消费金融供给端和消费需求端的供需协调机制，创新合作模式与商业模式，实现贷前获客、贷中管理与贷后服务等相关产业生态价值链的全方位创新发展。其二，借助数字技术同高校、研发机构等主体资源共享与协作创新，打造产业链、创新链、资金链、人才链供需精准对接的产业体系，提升产业价值网络的协同创新效率，实现产业价值协同创新网络中各主体价值共创。其三，创新主体需适应环境变化，坚持政策引导与市场需求拉动，依托要素共享与合作研发实现协同创新，构建多主体合作、多资源集聚、多机制联动的创新生态系统，推动各创新主体实现数字化转型与高质量发展。

（4）优化消费金融数字化转型的协同创新要素配置。

第一，优化消费金融数字化转型的创新要素协同机制。在数据协同方面，加快完善数据标准体系建设，打破数据流通壁垒；确立创新生态系统内数据集成与共享意识，建立数据共享机制，推动数据资源的有效运用。在平台协同方面，充分发挥数字化平台的纽带作用，深化消费金融产业与多产业之间的共商共建共享，助力资源供需高效匹配，加快产业数字化转型，进而培育产业平台化发展生态。在技术协同方面，加强科技成果交易平台互联共享，建立完善的一体化技术市场。促进创新主体联合开发，共享技术交流经验，共同打造高效、共赢的知识产权和科技成果产权交易与运营体系，推动跨区域、跨行业、跨技术的协同创新。在人才协同方面，政府应优化人才引进政策，完善人才选拔机制，加大教育投入力度；建立政产学研用金联合培养机制，吸引人才集聚，推进人才培养示范基地建设，共筑产业人才培养创新机制，助力科研成果落地转化。

第二，构建消费金融产业的创新要素支持机制。在数据方面，需建立完善的数据管理中心与安全保障机制。加大对客户个人信息、信用信息、消费行为、社交网络信息等数据的收集力度，强化数据挖掘和分析能力，洞察数据潜在价值与市场趋势。在平台方面，建立支持多渠道数据接入与数据交互共享、具备大数据处理与人工智能技术支持能力的高效数字化平台，通过自动批核、自动贷审、自动风控、自动催收等自动化流程，实现贷款快速部署和业务扩展。在技术方面，加大人工智能、大数据、区块链、云计算、物联网和安全技术等数字化技术应用力度，并借助技术合作、技术输出等方式与其他创新主体协同，以提高业务处理效率和风险管理能力。在人才方面，需引进和培养数据处理分析、人工智能、区块链等领域专业人才，并借助人才交流平台与其他企业建立人才合作关系，促进系统内人才资源供需匹配，进而推动消费金融数字化转型。

（三）商业银行零售金融数字化转型策略

商业银行零售金融业务小额高频、风险分散、覆盖面广。主要服务个人客户，服务对象普遍且零散。商业银行利用金融科技，推动业务智能化转型，拓展零售业务渠道，构建多元化服务平台，实现轻量化和敏捷化运作。零售业务因其在经济周期波动中的稳定性以及与中间业务的高度融合性，成为商业银行数字化转型的重要方向。通过大数据分析技术深入挖掘客户需求，并在产品开发、服务流程优化以及客户管理等方面实现敏捷反馈，有助于显著提升客户服务效能。零售金融数字化转型不仅能够提升营销成功率、优化运营效率，还有助于强化风险管控能力，为银行的稳健发展提供有力支撑。因此，商业银行零售金融数字化转型策略如下：

1. 业务管理数字化转型

业务管理数字化转型是商业银行零售金融数字化转型的核心。通过数据中台的建设，商业银行可以实现对业务数据的集中管理和深度挖掘，从而推动业务管理的数字化转型。在数据中台的支撑下，商业银行可以构建起"数据分析—智能决策—精细管理"三位一体的业务管理体系。

（1）通过数据分析、挖掘和建模，商业银行可以从客户、产品、运营、营销、风险等多个方面为决策管理提供数据支撑。这种数据支撑可以帮助商业银行实现事后分析向事中分析的转型，将传统的主观经验决策转型为更加智能的数字化决策，从而提高决策的准确性和效率。

（2）通过完善客户信息的收集，商业银行可以对客户进行深入的分析和理解。利用人工智能、大数据分析等工具和方法，商业银行可以建立统一的客户关系管理机制，对客户进行分层，明确每类客户的特点与需求，从而实现准确洞察客户需求，提高客户满意度和忠诚度。

2. 业务营销数字化转型

业务营销数字化转型是商业银行在零售金融领域的重要变革。依托数字化转型工程，商业银行可以构建起一整套前台服务、中台管理、后台支撑的立体化数字营销体系，实现业务营销的全面升级。

（1）在前台服务方面，商业银行可以依托数字化转型工程，建设走访营销、线上营销、社交营销、厅堂营销、远程营销等多种营销模式，实现业务营销的多元化。走访营销可以通过数字化工具实现客户信息的实时采集和分析，提高营销的精准性和效率；线上营销可以通过互联网平台，实现对客户的个性化推荐和营销；社交营销可以通过社交媒体，加强与客户的互动和沟通，提高客户黏性；厅堂营销可以通过数字化工具，提升客户体验和满意度；远程营销可以通过电话、短信等方式，实现对客户的远程服务和营销。

（2）在中台管理方面，商业银行可以建立统一的数据管理平台，实现客户数据、营销数据、渠道数据的集中管理和分析，为营销决策提供数据支持。同时，商业银行可以建立智能营销分析系统，通过数据挖掘和模型分析，实现对市场趋势、客户需求、产品偏好等方面的预测和分析，为营销策略的制定和优化提供依据。

（3）在后台支撑方面，商业银行可以建立数字化营销执行平台，实现营销活动的自动化执行和监控，提高营销效率和效果。同时，商业银行可以建立客户关系管理系统，实现对客户的全方位管理和维护，提高客户满意度和忠诚度。通过业务营销数字化转型，商业银行可以实现对客户的精准营销和个性化服务，提升客户体验和满意度，提高客户黏性和忠诚度，从而实现业务的持续增长和市场竞争力的提升。

3.业务渠道数字化转型

业务渠道数字化转型是商业银行在零售金融领域的核心任务。随着科技的发展，客户对金融服务的需求和行为模式发生了巨大变化，传统单一的线下渠道已经无法满足客户的需求，商业银行需要加快数字客户服务渠道的建设，全方位推动线上和线下渠道的融合升级，构建新一代手机银行 App 和客户经理展业 App 双平台智能协同作业服务模式，实现线上线下双渠道的高效运营服务，实现线上线下的有机贯通和协同发展。

（1）商业银行需要强化线下渠道优势，优化客户体验。线下网点在客户业务办理和面对面的体验方面具有独特优势，是零售业务的主阵地。商业银行可以通过在信息技术于线下物理网点中的探索应用，提升站点智能化程度，优化线下流程，加强用户引导流程管理，有效提升服务效能。

（2）商业银行需要拓宽线上服务渠道，提升便捷服务和智能服务能力。线上渠道可以打破时间和地域的限制，为客户提供方便快捷的金融服务。商业银行可以重点打造"金融＋生活"融合应用的手机银行 App，提供移动互联、方便快捷的金融服务。同时，商业银行可以面向微信等大流量入口搭建小程序平台，实现外部客户向行内转化，全方位构建全天无休、跨时空、跨地域的"手机即银行"和"场景即生活"互联网银行服务模式。

4. 产品体系数字化转型

产品体系数字化转型是商业银行零售金融数字化转型的核心。商业银行需要重构升级数字贷款、存款产品和移动支付三线驱动的数字零售金融产品体系，并深化场景融合应用。

（1）商业银行需要重点打造数字贷款体系，重塑数字贷款流程，建立细分客群信用评分模型，线上线下融合运营，大力发展数据驱动模式的线上大额信贷和场景驱动模式的小额消费信贷，提高融资业务渗透率。

（2）商业银行需要敏捷地创新存款产品，实现存款产品的定制化快速生产、特色化定制装配、跨界化包装销售的敏捷机制，具备相应能力，根据细分客群对零售存款期限、金额、计息规则等配置进行个性化重组创新。

（3）商业银行需要融合打造数字移动支付体系，围绕"支付＋场景＋生态"战略布局，重点拓展收单业务，线上线下融合发展。

（4）商业银行需要配套建设数字化、开放式的场景应用平台，全面创新场景金融业务，将金融产品、服务、数据融入民生服务场景、社区生活场景和商业生态场景，构建多元化场景生态，打造数字金融生活生态圈。

5. 风险管控数字化转型

风险管控是商业银行经营的重要一环，在数字化时代，商业银行需要运用大数据、机器学习、设备指纹、知识图谱等数字技术，实现风险管控的数字化转型，提升风险管理的效率和效果。

（1）商业银行可以通过大数据建模和量化分析，实现对零售业务风险的有效辨识。通过对客户数据、交易数据、市场数据等多维度数据的分析和挖掘，商业银行可以建立风险预测模型，提前识别潜在风险，采取预警乃至控制措施，降低风险发生的概率和影响。

（2）商业银行可以将适配各环节需求的精准化数据贯穿全过程，实现风险管理的智能化。通过建立数据驱动的风险管理系统，商业银行可以将风险管理流程与业务流程紧密结合，实现风险的实时监控和预警，提高风险管理的响应速度和准确性。

（3）商业银行可以建立全过程、全覆盖的零售业务风险管控体系。通过数字化手段，商业银行可以将风险管理贯穿于业务的全过程，从客户准入、授信审批、贷款发放到贷后管理，实现风险的全方位覆盖和管控。

（4）商业银行可以持续提升集约化、专业化、智能化的风险管理能力。通过数字化手段，商业银行可以实现对风险数据的集中管理和分析，提高风险管理的数据质量和准确性，从而提升风险管理的专业化和智能化水平。

通过风险管控数字化转型，商业银行可以实现对零售业务风险的全面管控，提升风险管理的效率和效果，保障业务的稳健发展，提高市场竞争力和可持续发展能力。

第二节　数字金融、技术创新与区域经济增长

一、数字金融的基本分析

（一）数字金融的特征

数字金融在当今社会中发挥着越来越重要的作用，其特征也日益凸显。

第一，数字金融的金融服务具有广泛覆盖性，使得金融服务能够直接触达客户终端，无论客户身处城市还是偏远地区，只要有移动网络覆盖，就能通过手机等移动设备获取金融服务。这不仅摆脱了传统金融服务对实体网点的依赖，还使得金融服务更加便捷、高效。

第二，数字金融的发展注重规模化效应和长尾效应，使得金融服务能够渗透到传统金融服务难以覆盖的尾部市场。通过运用数字技术，如大数据分析、云计算等，金融机构能够更加精准地定位和服务目标客户，降低为长尾市场客户提供服务的成本。

第三，数字金融的金融交易成本降低与服务的线上化。随着互联网技术的不

断发展，数字金融服务逐渐成为主流，线上平台成为金融机构与客户之间的重要桥梁。通过线上信息交互和交易，金融机构能够减少线下业务所需的人员和设备支出，降低运营成本。同时，线上服务也使得客户获取服务和线下服务的成本降低，提高金融服务的效率和便捷性。

第四，数字金融还具备大数据风控能力。基于各平台产生的用户行为数据和交易信息流数据，金融机构能够通过大数据分析、云计算等技术手段，对各类用户的信用及偿债能力进行精准评估。这种基于数据的信用评估方式不仅提高金融机构的风险管理能力，还为其提供更加精准的金融产品推荐，降低风险发生概率。

（二）数字金融的作用

第一，提升经济实力。数字金融通过信息化技术促进资源合理配置，使得市场的供给与需求相匹配。数字金融所提供的数据要素作为新的生产要素投入，提高经济发展的边际效益，从而促进实体经济发展。

第二，助力实体制造业发展。数字金融的数字技术为实体制造业发展奠定基础，通过技术支持提高生产效率，促进实体产业向高端化跃进。

第三，激发创业活力。数字金融的信息交互特点促进大众创业。信息交互是发掘商机的重要前提，更是创业过程中决策的关键，信息的对称性提高创业成功的可能性。数字金融发展促进金融贷款业务的发展，数字技术的运用保障交易的顺利进行。

第四，促进消费。数字金融凭借精减便捷的支付手段促进消费，移动支付与数字交易节省时间与交易成本，有利于激发消费者的消费欲望，从而提升经济增长。

第五，扩大金融服务覆盖面。数字金融具有科技性、普惠性、政策性和靶向性等鲜明特征，能够引导金融资源流向基础设施、中小微企业、"三农"等经济发展的重点领域和薄弱环节，加速资金流通、支持数字经济发展和促进区域经济增长。

（三）数字金融的意义

数字金融的意义深远，它代表着传统金融与现代科技的深度融合，为金融服务、经济发展以及社会进步带来诸多积极变化。

第一，推动金融服务的创新。通过便捷的手机应用或电子设备，用户可以随时随地享受金融服务，无需受限于实体银行的时间和空间。这种便捷性不仅提高金融服务的可获得性，还使得金融服务能够覆盖到更广泛的群体，特别是传统金融服务难以触及的农村和边远地区，实现金融服务的普惠性。同时，数字金融还引入区块链、人工智能等先进技术，为金融服务带来更多的创新可能性，推动金融行业的持续进步。

第二，促进经济发展。通过大数据和云计算等技术，数字金融能够更准确地评估风险、定价资产，从而优化金融资源的配置，提高资金的使用效率。这不仅为产业升级提供了有力的资金支持，还推动新技术、新产业、新业态的发展，进而促进了经济的整体增长。此外，数字金融的实时监控和预警系统也有助于更好地防范金融风险，增强金融体系的稳定性，为经济的可持续发展提供坚实保障。

第三，提升金融服务的质量。数字金融通过大数据分析用户的消费习惯、投资偏好等信息，为用户提供更加个性化的金融服务。同时，数字化手段的应用也简化了业务流程、提高了服务效率、优化了用户界面，从而提升了用户的金融服务体验。

第四，促进金融普惠和包容性。它降低了传统金融服务的门槛，使得更多人群能够享受到金融服务，特别是那些在传统金融体系中难以获得服务的弱势群体。数字金融的发展也推动金融教育的普及，提高公众的金融素养和风险防范意识，进一步促进了金融的普惠发展和增强了金融的包容性。

（四）数字金融的功能

第一，便捷支付与结算。数字金融通过移动支付、在线支付等手段，极大地方便了消费者和企业的支付与结算过程。不需要传统的企业柜台或 ATM 机，用户可以随时随地进行资金转移和交易结算。

第二，高效融资与投资。数字金融平台为企业和个人提供快速、低成本的融资渠道，如 P2P 贷款、众筹等。同时，也为投资者提供多样化的投资选择，如数字货币、股票交易等，实现资金的优化配置。

第三，智能风险管理。通过运用大数据分析和人工智能技术，数字金融能够实时分析市场数据，预测风险，并提供风险预警和管理建议。这有助于降低投资风险，提高金融市场的稳定性。

第四，合同自动化执行。数字金融利用智能合约技术，实现合同的自动执行和验证。这不仅提高合同执行的效率，还降低人为错误和欺诈的风险。

第五，数据驱动的决策支持。数字金融通过收集和分析大量用户数据，为金融机构和企业提供数据驱动的决策支持。这有助于优化金融产品和服务，提高市场竞争力。

二、技术创新的基本分析

（一）技术创新的特征

第一，新颖性。技术创新的核心在于解决前人未解决的问题，并在继承的基础上实现新的突破。这种新颖性可以是有形的，如新的产品或技术，也可以是无形的，如新的工作理念或程序。

第二，价值性。技术创新所创造的成果必须具有实用价值，能够为企业或社会带来实际利益。这种价值性表现在能够扩展技术空间、产生新的效益等方面。

第三，进步性。无论是具体的技术还是抽象的理念，技术创新都应具有规范科学性，能够推动事物向更先进、更科学的方向发展。

第四，创造性。技术创新是突破性的，它涉及创造新的技术、产品、方法或理念。这种创造性可以是满足人们尚未认识到的需求，或者是用新技术解决老问题。

第五，风险性。技术创新是一个充满不确定性的过程。在尝试新的技术或方法时，可能会遇到各种问题，如技术难题、资金不足、市场不接受等。

第六，连续性与跳跃性。技术创新并非一蹴而就，而是需要经过不断的尝试和改进。但在某些情况下，也可能出现技术的重大突破，这种突破就体现了跳跃性的特征。

第七，规模性与效益性。当技术创新达到一定规模时，能够为企业带来显著的效益。这种效益可以是经济效益，也可以是社会效益。

第八，动态优化性。随着环境的变化和技术的进步，技术创新也需要不断地进行优化和调整，以保持其领先性和实用性。

（二）技术创新的作用

技术创新在当今世界中发挥着至关重要的作用。它不仅推动经济发展，还深刻影响了社会、文化生活。

第一，经济增长。技术创新是推动经济增长的关键因素。新的技术和产品能够创造新的市场需求，提高生产效率，降低成本，从而促进经济的持续发展。"数字金融以其高效、便捷的特点，为企业和个人提供全新的金融服务方式，对区域经济的高质量发展产生重要影响。"①

第二，就业创造。技术创新催生了许多新的行业和就业机会。例如，随着互联网和电子商务的兴起，出现了大量与这些新技术相关的职位，如数据分析师、网络安全专家和 AI 工程师等。

第三，社会进步。技术创新也在许多方面推动社会的进步。例如，医疗技术的发展使得疾病的诊断和治疗更加精准和高效，教育技术的发展则为学生提供更加多样化的学习方式和更广阔的知识来源。

第四，文化交流。技术创新还促进文化交流和推动全球化进程。互联网和社交媒体使得来自不同国家和文化的人们能够更加便捷地交流和分享，同时也为各种文化和思想的传播提供平台。

第五，政府服务优化。在政府服务方面，技术创新也发挥了重要作用。电子政务的发展使得政府服务更加高效和透明，同时也提高公民参与公共事务的便利性。

第六，生活质量提升。技术创新在日常生活中也扮演着重要角色。从智能家居到自动驾驶汽车，再到虚拟现实和增强现实技术，这些创新都在为人们提供更加便捷和舒适的生活体验。

（三）技术创新的意义

技术创新的意义远超过其表面所呈现的。它不仅是推动人类社会进步的核心动力，更是对未来的无限憧憬和期待。通过不断的创新和改进技术，人们得以解锁新的生产方式、优化管理流程、提升生活质量，并解决一系列复杂的社会问题。

第一，提高生产效率。技术创新在提高生产效率方面发挥了巨大作用。自动化生产线和智能制造技术的应用，使得企业能够大幅提高生产效率和质量，降低对人力和物力的依赖。这不仅为企业创造了更多的价值，还为劳动者提供更为舒

---

① 刘金杭. 数字金融对区域经济高质量发展的影响及对策研究 [J]. 全国流通经济，2023，（20）：157-160.

适的工作环境。

第二，降低成本。技术创新为企业开辟降低成本的途径。例如，云计算和大数据技术的应用，使得企业能够实现信息化管理，从而更有效地控制和降低管理成本。此外，新技术还能帮助企业优化供应链管理，降低库存成本，提高资产利用率。

第三，改善生活质量。技术创新在改善人们的生活质量方面也发挥了巨大作用。医疗技术、交通工具和通信工具的持续创新，使得人们的生活更加便利、舒适和安全。例如，智能家居系统能够根据个人的生活习惯自动调节室内环境，提高居住的舒适度；而先进的医疗技术则能提高疾病的治愈率，延长人们的寿命。

第四，解决社会问题。技术创新在解决社会问题方面也发挥了重要作用。例如，清洁能源技术和智能家居的应用，有助于减少环境污染和提高能源利用效率；而人工智能和机器人技术的应用，则能协助老年人更好地生活，缓解人口老龄化带来的社会压力。

第五，创造就业机会。技术创新还为人们创造了大量的就业机会。随着科技产业和电子商务等新兴行业的发展，人们有了更多的职业选择和发展空间。这些行业不仅需要高技能的人才，也需要大量的基层员工，从而为社会提供广泛的就业机会。

第六，推动经济发展。技术创新是推动经济发展的重要动力之一。通过技术创新，企业能够开发出更具竞争力的新产品，拓展新市场，提高经济效益和市场竞争力。这不仅促进企业的发展壮大，也为整个社会经济的持续发展注入强大的动力。

（四）技术创新的功能

第一，推动科技革命。技术创新是推动人类社会科技革命的关键动力，它促进生产力的提升和生产方式的变革，引领着社会经济的快速发展。

第二，驱动经济发展。技术创新能够带来新的产品、服务和产业，从而推动经济的发展。它创造了新的市场需求，提高企业的竞争力和盈利能力。

第三，提升综合国力。在国家层面上，技术创新对于提高国家的综合实力和国际竞争力具有重要作用。通过技术创新，国家可以提升自身的科技水平，增强国防实力，提高国际地位。

第四，影响社会文化。技术创新还对社会和文化产生深远的影响。例如，随着互联网和社交媒体的普及，人们的信息获取方式、社交方式和娱乐方式都发生了巨大的变化。

第五，促进人才培养。技术创新需要大量的人才支持，它促进教育的发展和人才的培养。通过技术创新，人们可以不断提升自己的技能和知识水平，适应社会的发展变化。

第六，优化生活质量。技术创新为人们提供更好的产品和服务，改善了人们的生活质量。例如，医疗技术、交通工具和环保技术的创新都为人们的健康和生活提供更多的便利和保障。

三、区域经济及其增长

（一）区域经济

1. 区域经济的特征

（1）区域性。区域经济是在一定空间区域内形成的经济形态，具有鲜明的地域性特点。这决定每个区域的经济发展都应有自己的特色，包括发展目标、发展重点、发展道路和途径。

（2）规模集聚性。区域经济产业的相对集聚是规模效应、外部性、关联性和交易费用相互作用均衡的结果。

（3）差异性和多样性。区域经济是比较优势、经济地理、人口市场数量、经济政策等因素相互影响、综合作用的结果，其发展理应表现出地区差异性和模式多样性。

（4）动态性。随着资源禀赋、经济地理、市场化程度和制度政策等因素不断改变，区域经济的竞争优势、组织形态和发展模式也随着动态变化。

（5）综合性。区域经济是一个相对独立而内部又有着密切联系的有机系统，区域经济既涉及生产领域的活动，又涉及非生产领域的活动。

2. 区域经济的作用

（1）经济增长。区域经济的发展可以促进所在地区的经济增长，提高人民生活水平。通过合理的资源配置和产业布局，区域经济能够促进企业之间的协作与配合，形成规模经济和集聚效应，从而提高生产效率，推动地区经济的持续发展。

（2）平衡发展。区域经济的发展也有助于缩小地区间的经济发展差距，实现经济的平衡发展。政府可以通过制定区域政策，对欠发达地区提供支持，引导资源向这些地区流动，促进其经济发展，从而缩小与发达地区的差距。

（3）就业创造。区域经济的发展能够创造更多的就业机会。随着区域经济的发展，企业数量增加，规模扩大，需要更多的员工来满足生产需求。此外，区域政策也可以引导资金和项目向劳动密集型产业流动，从而创造更多的就业机会。

（4）产业结构优化。区域经济的发展能够促进产业结构的优化和升级。通过培育新兴产业、改造传统产业、发展现代服务业等措施，区域经济可以实现产业结构的优化和升级，提高产业的竞争力和附加值。

（5）城市发展。区域经济的发展也有助于城市的发展。城市是区域经济的核心，其发展需要周边地区的支持和配合。区域经济的发展，可以促进城市与周边地区的协调发展，提高城市的综合实力和影响力。

3. 区域经济的意义

（1）区域经济活动在一定的地理区域内进行，该区域内拥有相同或相似的资源条件、人文社会条件和经济活动特征。这种区域内的经济活动能够实现人力、物力和财力的有效利用，促进区域内的经济发展。

（2）发展区域经济有助于缩小地区间的经济发展差距。我国地区间经济发展水平差异较大，发展区域经济能够使各地区都发展起来，提高整体经济效益，实现区域间的平衡发展。

（3）发展区域经济对于实现现代化和完成工业化、市场化、社会化等历史任务具有重要意义。通过发展区域经济，可以推动产业的发展和升级，提高经济效益，促进经济的持续稳定增长。

发展区域经济还有利于建立统一、开放、竞争、有序的市场体系，实现区域间的优势互补和分工协作，推动全国经济的整体发展。

4. 区域经济的功能

（1）调节资源配置。区域经济通过市场机制和政府宏观干预，对资源进行合理配置，使资源在区域内部得到高效利用，同时吸引外部资源流入，促进区域内外资源的优化配置。

（2）加快区域经济的要素流动。区域经济能够促进资本、劳动力、技术等生产要素的自由流动进程，提高区域内的经济效率和生产力。这有助于形成规模经济和集聚效应，增强区域经济的竞争优势。

（3）调整区域经济的产业结构。区域经济通过优化产业结构，推动产业升级和转型，提高区域经济的竞争力和可持续发展能力。这包括对传统产业的改造和升级，以及对新兴产业的培育和发展。

（4）促进国际区域经济合作。区域经济可以促进不同国家或地区之间的经济合作，加强贸易往来和投资合作，推动全球经济的发展。这种合作可以实现优势互补和资源共享，增强各自的竞争力和发展潜力。

（5）加快区域社会发展，振兴文化、教育和科技。区域经济在发展过程中，应当注重社会发展的全面性。通过加大投入和政策支持，促进文化、教育、科技等领域的进步，提升区域的社会发展水平。这有助于提高人民的生活质量和幸福感，实现经济社会的协调发展。

（二）区域经济增长

1.区域经济增长的含义

区域经济增长是指一个特定地区内社会总财富的增加。这种增加可以从两个方面来观察，即货币形式和实物形式。在货币形式上，它体现为国内生产总值的增加；在实物形式上，它则体现为各种产品生产总量的增加。区域经济增长受到多种因素的影响，其中生产要素如资金、人力、技术是最基本的驱动力量。然而，除此之外，还有其他与区域经济增长有联系的因素也会对经济增长起到促进或制约作用。

区域经济增长是一个复杂的过程，它涉及地区内的多个方面，包括经济活动、人口、资源等。对于政策制定者和研究人员来说，理解区域经济增长的机制和影响因素，是制定有效政策和推动经济发展的关键。

2.区域经济增长的作用

（1）资源优化配置。每个地区都有其独特的资源禀赋，包括自然资源、人力资源、技术资源等。通过区域经济增长，可以实现各种资源的合理配置和最优利用。例如，某些地区如果拥有丰富的矿产资源，通过开发这些资源可以带动相关产业链条的形成，促进当地经济增长。

（2）产业升级与创新驱动。区域经济增长也有助于传统产业向高附加值和技术密集型产业转型升级，推动技术创新和产业升级。

（3）促进就业和提高生活水平。随着区域经济的增长，会创造更多的就业机会，提高居民的收入水平，从而提高人们的生活质量。

（4）增强地区经济实力。区域经济增长可以增强地区的经济实力，提高地区在国际或国内的竞争力。这有助于地区在经济发展中取得更多的优势和机遇。

（5）促进社会进步。区域经济增长可以推动地区的社会进步，包括教育、文化、医疗等方面的改善。这有助于提高地区居民的生活质量和幸福感。

3.区域经济增长的意义

（1）提高居民生活水平。区域经济增长意味着地区内总体财富的增加，这将直接反映在居民的收入和生活水平上。随着经济的增长，人们的收入会相应增加，消费能力提高，从而能够享受更好的生活品质。

（2）促进就业。经济增长往往伴随着更多的就业机会。随着产业的发展和企业的扩张，将需要更多的劳动力来支持生产和服务。这不仅能够为当地居民提供更多的就业机会，还能吸引外部劳动力流入，进一步促进区域经济的发展。

（3）优化资源配置。区域经济增长会促使资源在地区内更有效地配置。随着市场的扩大和竞争的加剧，企业会更加注重资源的利用效率，推动技术创新和产业升级。这将有助于优化整个区域的产业结构和提升竞争力。

（4）增强地区经济实力。区域经济增长意味着地区内企业和产业的规模和实力得到提升。这将使该地区在全国乃至全球的经济格局中占据更有利的地位，增强其在国内外市场上的影响力和竞争力。

（5）推动社会进步。区域经济增长不仅带来物质财富的增加，还伴随着社会进步和文明程度的提升。随着经济的发展，教育、文化、卫生等社会事业也会得到相应的发展，人们的精神面貌和整体素质也会得到提高。

4.区域经济增长的功能

（1）统筹和协调全国区域经济发展，指导各地区的经济合理发展，充分发挥各地区的优势和潜力，以促进全国经济的整体发展。

（2）协调各地区经济发展与全国经济发展的关系，以及重点发展区域与其他区域的关系。在这一过程中，要遵循局部利益服从全局利益、短期利益服从长远利益的原则，从而实现各地区经济的均衡发展。

（3）协调各地区之间的经济发展关系，推动区域之间的分工与合作。根据平等互利、分工合作、共同发展的原则，实现各地区经济的协同发展。

（4）协调经济发达地区与经济欠发达地区的关系，促进经济欠发达地区的经济发展。通过加强民族团结、增强国家凝聚力、实现经济发展和社会进步的协调，以实现各地区经济的均衡和可持续发展。

（5）促进区位经济的发展。通过地理位置的优越性获得综合经济效益，如共同培养和利用当地熟练劳动力、加强企业间的技术交流和新产品开发的投资合作、形成较大的外购物资市场需求和产品供给，从而激发经济活力，形成良性循环。

（6）促进规模经济的发展。随着经济活动范围的扩大，可以获得内部成本的节约，如提高分工水平、降低管理成本、减少广告费用和非生产性支出的分摊，从而降低边际成本，提高劳动生产率。

（7）促进外部经济的发展。在某一区域内集聚的经济活动可以使厂商以较低的成本获得某些产品和服务，从而提高整体收益。

四、数字金融、技术创新与区域经济增长的协同策略

（一）数字金融的深化布局与风险防控

数字金融以其便捷性、高效性和普惠性，正在改变着传统金融服务的面貌。在中国，数字金融的快速发展不仅提高金融服务的覆盖率和可得性，还在很大程度上促进金融资源的优化配置。因此，在加快数字金融布局的同时，必须做好风险防控工作。

第一，加强数字金融机构的监管，确保其合规经营至关重要。数字金融机构在开展业务过程中，应当遵循一定的法律法规和行业规范。此外，还需加强对数字金融机构的合规指导和培训，提高其合规意识。同时，监管部门要切实履行职责，对违规行为进行严厉查处，确保数字金融市场的有序竞争。

第二，强化对数字金融活动的监测和预警，及时发现并处置风险隐患。随着数字金融业务的不断拓展，风险点和隐患也可能随之增多。为此，人们需要运用先进的技术手段，如大数据、人工智能等，构建全面、准确的风险评估体系。具体而言，监管部门应加强对数字金融业务的数据采集和分析，运用数据挖掘、机器学习等技术，对数字金融业务的风险进行早期识别和预警。此外，还需加强跨部门、跨行业的信息共享和协同监管，提高风险防范和处置的效率。

第三，注重发挥市场机制的作用，引导数字金融机构建立健全风险管理制度，

提高自我风险防范能力。同时，加强国际交流与合作，借鉴发达国家在数字金融监管方面的经验和做法，不断提升我国数字金融监管水平。

（二）创新驱动战略下的技术创新与空间溢出效应

实施创新驱动战略是中国转变经济发展方式、实现高质量发展的关键所在。在这一战略下，技术创新与数字金融的作用愈发显著。技术创新不仅可以提高生产效率、降低成本，还能为企业带来新的增长点，推动产业升级和转型。而数字金融则可以为技术创新提供有力的资金支持和金融服务保障。

第一，出台一系列优惠政策，以鼓励企业加大研发投入，培育自主创新能力。这些政策措施包括税收优惠、研发资金支持、人才引进计划等，从而激发企业创新活力，促进技术创新成果在更广泛的范围内传播和应用。此外，加强产学研合作也是提升地区技术创新能力的关键。通过推动高校、科研机构与企业之间的协同创新，可以形成技术创新的强大合力，进一步推动区域经济发展。

第二，数字金融创新在推动区域内技术创新方面也发挥着重要作用。数字金融通过提供多元化的融资渠道和灵活的金融产品设计，能够满足不同类型、不同阶段企业的融资需求。特别是在初创企业和中小企业面临融资难题时，"数字普惠金融凭借其便捷、高效、普惠的优势，可能成为促进中小企业绿色创新的重要驱动力"。[①] 此外，数字金融还能够借助互联网和移动通信技术，实现金融资源的空间优化配置，促进技术创新成果在不同地区之间的流动和共享。

---

① 程秋旺，林巧华，石玉婷. 数字普惠金融对中小企业绿色创新的影响研究 [J]. 金融经济，2023，（12）：62.

第三节 数字普惠金融的经济效应与经济高质量发展

一、数字普惠金融的经济效应

（一）数字普惠金融的含义与特征

1. 数字普惠金融的含义

金融是国之重器，是现代经济的核心，金融创新通过优化资源配置为新时期经济发展质量的提升提供原动力。普惠金融是指立足机会平等要求和商业可持续原则，以可负担的成本为有金融服务需求的社会各阶层和群体提供适当、有效的金融服务。2016 年 9 月，G20 杭州峰会发布，使数字普惠金融首次走上国际舞台，标志着数字普惠金融正式成为全球未来金融扶贫的重要方向。因此，融合"互联网 +"，深度发展普惠金融，已经成为中国现代金融建设与发展的核心内容之一，进一步丰富金融的内涵和外延，代表了新经济、新时代金融的重要发展方向。

"数字普惠金融作为一种新兴的金融服务形式，旨在利用通信技术的发展和金融技术的创新，扩大金融服务的可触及范围，使贫困地区和农村地区等以往金融业务无法触达的人群也可享受到高质量的金融服务，这对于推动金融包容和绿色经济转型具有重要意义。"[1] 随着大数据、人工智能、云计算以及区块链等新型数字技术的发展，金融与科技融合发展已成为全球金融创新的热点，并且正在成为未来金融业竞争的重要领域。数字普惠金融是普惠金融的持续深化，能够有效兼顾商业性和社会性的双重目标。数字普惠金融成为低成本、广覆盖和可持续的普惠金融重要范式之一。数字普惠金融契合"互联网 +"时代金融发展的客观要求，充分发挥新型互联网数字技术的优势，并与普惠金融理念、实践深度融合，

---

[1] 马锐，刘晓莹. 我国数字普惠金融对绿色经济发展的影响研究［J］. 长春金融高等专科学校学报，2024，（03）：52.

成为解决当前普惠金融现实难题的有力手段和可靠路径。

2. 数字普惠金融的特征

（1）降低交易成本，体现开放性。借助互联网，无须设立实体网点，普惠金融交易过程都可以在网络上完成，这种方式能够降低运营实体网点的人力成本和业务运行成本，创造成本低廉的投融资模式，提供金融服务的主体也获得更大的服务定价空间。互联网企业参与金融业务的目的，除了获得暂时性的金融业务收入外，还可以获得更多的用户、账户和数据，为其今后的业务创新和拓展延伸赢得更多的机会。基于长远打算，互联网金融服务的主体会主动让利给投资者和融资者，使投资者获得更高的收益；融资者以更低的成本获得资金，从而形成忠实的用户群体，有效降低资金融通的中间费用。同时，通过对积累的数据进行分析和处理，可以形成时间连续、动态变化的信息序列，进而进行风险评估与产品定价。

（2）拓展金融服务边界，实现平等化。互联网金融依托全天候覆盖全球的虚拟网络，可以突破时间、空间限制，延伸金融服务的边界，7×24 小时为客户提供个性化金融服务。当前在农村地区，互联网普及应用速度很快，这为扩大金融服务覆盖面提供可能。只要会使用互联网，就可以随时随地参与到金融活动中，实现金融服务的平等化。通过互联网信息技术，金融机构和类金融机构可以进行金融产品创新，将网民的"碎片化资金"有效整合利用，降低金融服务门槛，为更广泛的人群提供金融服务。

（3）复制推广快，操作更便捷。在金融互联网化后，通过网络电子平台，金融产品可以直接面向大众客户，缩短销售链，实现客户和金融机构以及客户和客户的点对点交易。金融产品在推广时，可以通过互联网、物理渠道等直接销售给广大客户，提高客户服务的可得性、针对性，做到了精准营销和成功营销。由于传统金融服务不能完全满足普通客户的需求，这一领域的市场存在较大的空间和良好的发展前景。

（二）数字普惠金融经济效应的提升措施

数字普惠金融的最终目的就是要让长期被正规金融服务排斥的民众能够享受公平、合理的金融服务，而由于低收入人群和小微企业在经济社会中占大多数，所以小额信贷和小微企业融资就成为数字普惠金融在发挥作用的过程中十分重要的领域。数字普惠金融的推动为小微企业特别是制造行业的企业提供资金支持，为科技研发提供高速引擎。数字普惠金融经济效应的提升措施如下：

1.注重全国区域数字普惠金融平衡发展

（1）加强地区之间的合作。东中西地区可以利用资源优势互补，而邻近省份或城市也可以相互借鉴数字普惠金融发展的经验，特别是产业结构和发展方向相似的城市之间借鉴是更具有实际意义的，地方政府之间还应该加强政策合作，改变竞争性的数字普惠金融格局，这样可以促进地区之间数字普惠金融的共同进步。

（2）针对性发展。继续利用自身优势来发展数字普惠金融和经济，同时应该时刻关注数字普惠金融的发展程度，防止数字普惠金融发展到未来过高水平抑制经济的增长；重视金融科技相关方面的人才引进工作，加强对当地通信和网络基础设施的建设来提供匹配的技术支持，提升中西部地区的数字金融覆盖广度和使用深度，以促进东中西三大地区数字普惠金融发展的齐头并进，进而推动全国各地区经济的增长和发展。具体而言，政府可以通过财政补贴来引导移动、联通、电信等通信企业在农村地区和偏远地区投资建设通信设施，以及通过合作来适当减免网络资费，降低农民使用移动设备的成本，从而更好地满足其数字金融需求。

2.完善数字普惠金融体系的顶层设计

发展数字普惠金融应该从顶层设计抓起，我国参与数字普惠金融建设的宏观部门主要为国家金融监督管理总局、中国人民银行和财政部等，这些部门应该制定相关的政策、出台相应的法律来促进数字普惠金融体系的建设和完善，更好地发挥其作用。

（1）规范数字普惠金融制度的制定和实施。借鉴传统普惠金融发展的成功典范，并结合当前数字普惠金融的发展方向和特点，来制定相关的发展制度，以加速营造优质的营商环境。虽然国家长期以来大力支持普惠金融的发展，但是取得的成效并不对等，一部分原因是金融机构在落实国家制定的政策时变相提高服务门槛，政府机构又存在着信息不对称和不充分的现象，另一部分原因是政策的制定过程中没有充分考虑东中西各地区经济发展水平的差异性，在落实过程中也缺乏相应的灵活性和机动性，导致政策并没有真正落实到位。这就需要政府在对于数字普惠金融政策的制定上，结合传统普惠金融政策落实过程中的问题和经验，做到因地制宜和因地施策，将政策的制定更加细致和完善，并且要加大政策的执行力度和灵活度。

（2）推进法治建设的步伐。由于数字普惠金融是基于网络平台来推动的，相关法律法规还不够健全，无法对各个经济主体的权益进行全面的保护。例如对于小微企业融资这一数字普惠金融发展的重点来说，可以出台相关的企业融资保护的法律法规，明确企业融资供需双方的权、责、利，在各方面为企业融资提供法律依据和支撑；在金融机构开展业务的过程中，也应该制定相应的法律来明确金融机构和消费者分别具有的权、责、利，加强在网络平台内对消费者的保护；此外，监管部门的权限和责任也应该被进一步明确，以免出现权责不清、互相推脱的局面。

（3）健全国内监管体系。随着数字技术应用的深入，金融风险的暴露愈发显著，特别是金融诈骗等恶性案件频发。鉴于数字普惠金融的提出时间较晚，当前金融监管政策尚无法全面覆盖该领域，存在一定的监管盲区。因此，有必要进一步健全监管体系，以更好地监测、管理和预防潜在金融风险，填补数字普惠金融领域的监管空白。首先，国内应该形成统一监管，毕竟数字普惠金融本质上仍然是一种金融活动，监管标准在各个地区应该保持一致，否则会引起监管套利等不良现象；其次，应该适度监管，监管的目标是保证数字普惠金融活动的安全性和稳定性，如果过度监管则会使金融机构丧失积极性，不利于金融市场的良性发展；再次，监管重点内容和要求应该针对东中西地区数字普惠金融发展现状来制定，例如对于数字普惠金融发展程度较高的东部地区更应该汇总历史数据、总结经验、观照现实，划出重点监管范围，并且将东部地区切实有效的监管方法向中西部地区进行推广，使中西部地区形成预防和监管有效结合的机制；最后，应该明确对信息披露的要求，这不仅有利于解决信息不对称和道德风险的问题，也有利于金融机构自身的健康运营和发展。

（4）加速推进全国征信系统的建设至关重要。低收入者和小微企业等弱势群体是普惠金融的核心服务对象，他们对于优质金融服务的需求尤为迫切。完善的征信体系不仅能够帮助金融机构更准确地评估借款人的信用风险，降低不良贷款率，还能为借款人提供更加公平、透明的金融服务环境。这样一来，低收入者和小微企业等弱势群体便能更容易地获取到合理且优质的金融产品和服务，从而享受到科技进步带来的红利。更为重要的是，完善的征信体系将有助于实现数字普惠金融的终极目标——让每一个人都能平等地享受到金融服务。这不仅有助于提高弱势群体的生活质量和社会地位，还将进一步激发他们的创新精神和创业活力，为我国的经济社会发展注入新的动力。可以预见，随着全国征信系统的不断完善和普及，数字普惠金融将在我国发挥出更加积极的作用。它将推动金融资源向更广阔的市场延伸，促进金融服务的均等化，助力我国经济持续、健康、稳定地发展。同时，这也将为全球普惠金融的发展提供有益的借鉴和参考。

3. 提高数字普惠金融的服务质量

近年来，数字普惠金融已经在缓解金融排斥现象和降低门槛效应上取得了一定成效，广大居民均可以从移动设备进行各类金融产品和服务的消费，支付、信贷、货币基金、保险等业务也开始走入农村地区，但是当前金融市场中的很多数字普惠金融产品没有从需求方着手研发，没有真正考虑中小微企业和低收入群体等的内心需求，没有发挥普惠的实质性作用。金融机构在进行产品和服务创新时应该注意以下方面：

（1）把握数字普惠金融消费群体的真正需求，根据不同群体如中小微企业、农民、老年人等的具体特点来设计产品，平衡流动性、安全性和收益性三者之间的关系，既能够满足他们多元化的消费需求，又能给金融机构自身带来更高的收益。这就要求东中西各地区根据本地区金融消费群体特点展开具体调查统计，形成涵盖不同年龄阶段和相关金融需求的直观数据，同时进行及时更新，使本地区推出的金融产品和服务能够实现与各年龄段人群需求的精准对接。

（2）增加产品的实用性。考虑到一些受教育程度较低的民众和老年人群，在开发金融产品时，应该使其在移动设备上的操作流程更加简洁和便捷，App 的界面尽量清晰，同时设计一些讲解产品和金融知识的视频，提供线上和线下的人工服务，真正将"普惠"二字贯穿于普罗大众的金融生活中。

4. 加强全民金融素养的培养和建设

（1）政府可以利用传统媒体和新媒体的强大传播力量，如报刊、电视播报、网络平台、微信公众号以及快手等短视频平台，进行金融知识的宣传教育。通过这些渠道，可以将金融知识传递到千家万户，让更多人了解和掌握金融基础知识。

（2）金融知识的普及内容应当从基础入手，以普及金融基础知识为起点，逐步提升民众的安全意识和风险识别能力。这样，他们在选择金融产品时，才能更加理性、明智地根据自身需求进行选择，从而降低金融风险。

（3）通过全面普及金融知识，可以提高民众对数字普惠金融的参与意识。

这将有助于扩大数字普惠金融的覆盖范围，提高其使用深度，进而推动数字普惠金融向更高层次、更宽领域发展。

（4）提升全民金融素养不仅有助于发挥数字普惠金融的经济效应，还有利于促进社会公平、增进民生福祉。因此，政府与金融机构应携手共进，共同推动金融素养的提升，为我国经济的持续健康发展贡献力量。

（三）数字普惠金融、劳动力流动与产业结构优化

1. 优化意义

加快构建网络强国战略布局，推进信息化和工业化深度融合，拓展国内市场，提高国际竞争力，推动经济高质量发展。数字金融作为数字经济的一个主要方面，展现出数字经济本身特质，且数字金融与传统金融相比具有优化资源配置、降低成本、缓解信息不对称等优势；数字金融在实体经济领域的应用可以有效地整合金融资源，降低小微企业的财务风险，促进小微主体发展电子商务。

数字普惠金融与实体经济的深度融合，使其发展成为当前关注的焦点，数字普惠金融资源将率先在特定行业、特定区域聚集，从而使区域内金融集聚效应持续提升，吸引周边区域劳动力的流入，使之经济、行业影响逐渐深化，产业结构升级。

劳动力流入直接效应、间接效应和总效应都是正向的，这表明劳动力流入对于当地和周边地区产业结构优化都有积极影响且效果显著，但对周边地区效果并不显著。目前伴随着中国人口红利的逐步衰减及城市居住、生活成本的上升，劳动力成本也越来越高，再加上，战略性新兴产业崛起急需大批高技术、高素质的劳动力，而中国劳动力整体素质的提高速度还没有与产业升级要求同步，从而使劳动力的投入状况在一定程度上呈现抑制经济增长的态势。

数字普惠金融在产业结构升级过程中直接效应和总效应都为正值且结果显著，间接效应结果为正却并不显著。表明数字普惠金融对于产业结构优化具有积极作用，在金融业较为发达的城市中，企业更加容易获取必要的贷款资金用于技术研发创新，投资新建项目，从而扶持企业发展并增强竞争力进而推动产业结构升级，但对周边地区的影响却有限。由此可见，数字普惠金融发展的确在促进我国产业结构优化升级方面发挥了一定作用，但普惠价值尚未得到充分释放。

2. 优化建议

（1）合理开发数字普惠金融，最大化释放其普惠价值。合理开发数字普惠金融可以提高城市对劳动力的吸引力，注重数字普惠金融开发的品质，以维持数字普惠金融对劳动力的正面吸引力。随着金融市场开放进程的加快，我国将逐步扩大金融服务对外开放范围。在这一过程中，政府应当充分发挥主导作用。遵循市场规则并在控制金融风险的前提下，采取积极政策措施推动金融产业发展。当前，为维护经济发展稳定，人们一直在强调金融要支持就业。为此，政府可对相关金融机构进行针对性引导，为实体经济提供服务并搭建信息共享平台，帮助民营企业与小微企业共同成长，同时帮助金融业拥有更广阔的未来。

（2）实施差异化数字普惠金融服务，平衡数字金融发展中的公平与效率。各地经济发展要把产业发展作为重要指向，按照市场规则办事，在金融服务实体经济中起到根本性作用。但我国地区间经济与金融空间结构差异显著，呈现出显著的"核心—边缘"格局，针对经济欠发达且城市发展水平偏低的区域，要优先推进经济市场化改革并健全要素市场制度以避免数字普惠金融在劳动力流动中传导机制失灵，与数字金融利用深度及普惠金融数字化水平相比，要着力提升数字金融的覆盖广度；而针对经济欠发达且城市发展水平高的区域则要继续优化数字普惠金融体系以谋求数字普惠金融发展与推动劳动力流入的均衡发展。

实行差异化数字普惠金融制度等措施，不仅有利于增强数字普惠金融发展在劳动力流入中的效应，也有利于改善产业结构发展状况。产业结构升级有助于推动经济增长，所以要注重区域内产业结构转型升级，实现由数量发展向质量提升的转变，加大产业创新力度，提高第三产业比重，打造高质量服务业集聚区，金融集聚效果好的区域要完善区域金融发展环境和推动要素配置合理化，充分发挥金融集聚在经济发展中的巨大作用。

（3）提高劳动力素质，健全劳力供需体系，保障行业健康持续发展。加快发展数字普惠金融产业，提升传统服务业水平，各地要结合当地劳动力市场结构特征，大力发展金融市场、创新现代金融服务业、增强金融服务业在国民经济中的带动作用、加快市场要素全面流动。构建与当地劳力结构相匹配的金融体系，金融市场才能真正达到支持产业经济、促进产业结构转型升级的目的，各区域要增加劳动力技能培训力度，并通过专业能力培训、技术资金引进等方式来提升劳动力生产质量进而起到优化产业结构的作用，与此同时要健全劳动市场供需体系、出台与之相匹配的劳动薪酬管理体系使劳动力能够在各区域内自由流动、带动产业发展、实现产业升级。

（四）数字普惠金融以数字创新促进地区经济增长

数字普惠金融含有广覆盖、低成本、高效率等优质的特点，而且准入门槛较低，有利于激发企业创新创业活动，推动地区经济增长。数字普惠金融能够有效促进地区经济增长，创新不仅在数字普惠金融与产业结构升级之间扮演着中介作用角色，同时也是数字普惠金融推动经济增长的重要路径。

1.数字普惠金融、数字创新与经济增长的机理分析

（1）实体经济影响数字普惠金融的机理。实业兴则国兴，实体经济是国家强盛的重要支柱，一方面实体经济为数字普惠金融的发展提供资本，另一方面以信息技术为代表的实体经济为其提供科技手段。具体而言，实体经济的发展可以通过以下三种方式推动数字普惠金融的发展：

第一，实体经济为数字普惠金融的发展提供资金和利润。从本质上讲，金融发展源于实体经济，其发展所需的一切资本最初都源于实体经济。实体经济的增长又不断加快资本的原始积累，并使这些资本流入金融体系，最终进一步促进金融规模的扩大。利息是金融利润的来源，实体经济部门，又为金融业提供赖以生存和发展的利润。

第二，实体经济为发展数字普惠金融提供数字技术手段。以信息技术为代表的实体企业所发展的数字技术能够为金融业提供支持，促进金融业的数字化升级。数字技术最大的优势是支持普惠金融的发展。长期以来，小微企业因公开信息少、不确定性强以及抵押资产缺乏等缺点一直受限于融资难的问题，而依托于数字科技，企业可以掌握到更多的企业信息，从而缓解小微企业风险定价难的问题，进而为小微企业提供金融产品和服务。

第三，数字技术可以降低金融服务中的交易成本，并且通过互联网收集到更多的客户信息来控制风险，同时还通过线上平台扩大金融产品和服务范围，从而促进普惠金融的持续健康发展。

第四，实体经济为数字普惠金融发展创造金融需求。新时代十年，我国实体经济规模不断增大、实力不断增强。随着互联网的普及和应用，以网上购物等为代表的互联网经济的蓬勃发展也产生了对数字普惠金融的需求，如互联网消费金

融、互联网财富管理等。

（2）数字普惠金融影响实体经济的机理。数字普惠金融利用数字技术降低金融服务的门槛和交易成本，提高金融服务的普遍性和精准性，为支持实体经济的包容性发展和高质量发展提供新的动力。数字普惠金融促进实体经济增长，具体而言包括：

第一，数字普惠金融缓解了实体经济发展中的金融排斥问题。随着数字技术的发展，普惠金融借助数字技术手段，加大线上金融产品开发力度、拓宽风险信息来源，从而显著缓解了小微企业的融资约束。

第二，数字普惠金融促进城乡均衡发展。传统金融服务门槛较高，低收入群体因此被严重排斥在金融服务之外，城乡差距也受到此影响而扩大，随着数字普惠金融的发展，商业企业可以基于先进的信息系统，实现金融服务的远程化、自动化，使偏远地区、农村地区人群足不出户就可享受到转账、汇款等常规金融服务，从而克服了地域和城乡二元分割的限制，有利于缩小城乡差距。同时，数字普惠金融利用移动互联网拓展了线上金融服务渠道，突破了传统实体网点的限制。

第三，数字普惠金融促进消费增长。数字普惠金融采用数字技术，为网上消费提供交易支付便利和金融支持。例如，张勋等认为移动支付的便利性缩短了消费者的购物时间，使得消费量大幅提升。数字普惠金融能够激发家庭支付，从而推动家庭消费。数字普惠金融还能够有效地激发客户的跨期消费行为。

第四，数字普惠金融促进创业创新。数字普惠金融的出现有效地缓解了传统金融供给不足的问题。一方面，数字普惠金融借助数字技术，在一定程度上解决了传统金融获客成本高、风险评估成本高的问题，为大量小微企业和创业者提供金融服务。另一方面，数字普惠金融作为一种全新的金融服务模式，本身就是一种创新。数字普惠金融的发展让更多地区、更多阶层的更多人有机会或资源参与创业创新。

（3）数字普惠金融与实体经济协同发展影响经济增长的机理。

第一，两者协同发展可以优化供给侧要素配置、调整生产结构、提升供给体系的质量和效率。当两者协同发展水平提升到一定水平时，这种协同发展带来的资源、信息等的集聚，会向外溢出到周围相关区域，从而带动周围相关产业的发展，最终促进经济增长。具体而言，当数字普惠金融更加注重发挥对实体经济的助力作用，以及实体经济更能为数字普惠金融提供更多物质基础和金融需求时，彼此相互合作，促进资金、技术等的集聚，让数字普惠金融和实体经济都能发挥出更大的效用，使各个企业之间能够共享这种资源，从而提升各个企业的运行效率和竞争力，同时也能加快发达中心城市与欠发达地区资本、技术、信息等生产要素的流动和转换，从而整合全域生产资源最终促进经济增长。

第二，数字普惠金融与实体经济协调发展，也可以在需求端发挥拉动作用，释放消费潜力。在两者协调发展下，供给端的产品和服务质量将得到提升，消费方式将更加便捷。因此，通过发挥"长尾效应"和"棘轮效应"，可以促进消费结构升级、消费模式升级、消费形态拓展，释放需求侧潜力。

2. 数字普惠金融、数字创新与经济增长的措施

（1）健全多层次普惠金融机构组织体系。一是加快数字信息基础设施建设与信用信息基础数据库建设，打通各参与方之间的数据通道，推动政府与重点领域、行业数据互联互通，建设企业、个人与传统企业、互联网平台的一体化数据库。二是加快各金融机构对数字科技手段的引入，充分运用数字技术收集企业信息，降低违约概率，做好风险防范；同时利用大数据技术等新兴科技增加信贷资金供给的时效性，提升小微企业、偏远农村地区客户的金融服务精准性和个性化，突破金融服务的地域限制与城乡二元分割，解决金融服务"最后一公里"问题。

（2）加强金融回归服务实体经济本位的引导，确保金融创新始终基于实体经济发展的基本需求。一是传统金融机构应积极顺应数字技术发展潮流，创新金融服务，重点攻坚小微企业、乡村振兴等薄弱环节的金融服务。必须限制自娱自乐式的金融创新，让金融创新真正回归服务实体经济的本位，创新的金融产品和服务要基于目前实体经济发展的新兴需求。二是创设金融资本真正流入实体产业的支持机制，如通过考核评价、跟踪预警等多种手段建立促进企业等金融机构的资金投向实体产业的支持机制。

（3）实施地区差异化发展策略，缩小区域发展差距。政府要注重核心城市与次级城市的均衡发展，缩小两者的差距。在重视核心城市发展的同时，重点关注次级城市的发展，根据地区优势和短板，实施差异化发展策略。一方面，核心城市继续发挥技术以及资本等方面的比较优势，深化数字普惠金融与实体经济的协调发展水平，打造两者协同发展的合作交流平台，引导技术、人才等要素的自由流动，辐射带动周边区域以及周边城市的发展。另一方面，次级城市要加快弥补在数字普惠金融与实体经济发展方面的短板，加强合作交流，提升自身的发展

水平。

（4）发挥数字普惠金融与实体经济的协同效应，合力促进地区经济增长。充分整合各区域、各城市的资源要素，强化各城市之间的联系，从而构建协同发展机制，缩小协同发展水平的区域差异。

（5）强化合作机制，重塑竞合关系。深化各地在产业体系、科学技术、人才、基础设施建设方面的合作，例如携手打造诸如智能网联新能源汽车产业集群，协同推进科技成果的转化和交流，强化重大创新平台共建，增加科学技术的财政支出，此外，在基础设施方面，合力建设现代化基础设施网络项目，增加投资基础设施建设的金额，共同打通两地交通网、做优做大生活圈。

第五章　经济与金融管理的互动及融合发展

第一节　经济与金融的互动关系

一、经济与金融的互动关系体现

经济与金融是现代社会的两大核心要素，它们之间存在着紧密而微妙的互动关系。这种关系不仅塑造了各国经济格局，也影响着全球经济的运行和发展。

第一，金融为经济提供融资支持，这是二者关系的基础。在经济活动中，企业、政府和个人都需要资金来进行投资、消费和生产。而金融体系，包括银行、证券市场、保险企业等，则承担着提供这些资金的职能。这些资金通过贷款、股权融资、债券发行等方式流入到实体经济中，支持企业的运营和扩张，促进技术的创新和应用，从而推动经济的增长。

第二，经济的运行状况对金融市场产生深远影响。当经济增长强劲时，企业盈利增加，投资者信心增强，这会导致股票、债券等金融资产的价格上涨，金融市场繁荣。相反，当经济衰退时，企业盈利下滑，投资者信心下降，金融市场可能会陷入低迷。此外，经济的周期性波动也会对金融市场产生影响，例如在经济周期的不同阶段，投资者对风险的态度和偏好会有所不同，这会影响金融市场的运行和表现。

第三，货币政策是中央银行用来调控经济的重要手段，是经济与金融互动关系的体现。中央银行通过调整利率、存款准备金率等手段来影响货币供应量，从而调控通货膨胀、经济增长等宏观经济指标。而这些货币政策的调整又会直接影响金融市场的利率水平、资金流动等，进而对经济产生影响。例如，当中央银行降低利率时，借贷成本降低，会刺激投资和消费，推动经济增长；而当中央银行提高利率时，借贷成本上升，会抑制投资和消费，减缓经济增长速度。

第四，金融市场的稳定和发展也对经济有着重要的影响。金融市场的稳定可以为企业和个人提供稳定的融资渠道和投资环境，促进经济的平稳运行。而金融市场的创新和发展则可以推动经济的转型升级和结构调整。例如，随着金融科技的发展，互联网金融、区块链等新兴领域不断涌现，为经济提供新的增长点和动力。

经济和金融之间的互动关系并非总是和谐的。金融市场的波动和风险也可能对经济产生负面影响。例如，金融泡沫的破裂、金融危机的爆发等都可能对经济造成巨大的冲击和损失。因此，在推动经济和金融发展的同时，也需要加强金融监管和风险防控，确保金融市场的健康稳定运行。

二、实体经济与金融经济良性互动

"在经济不断成熟的趋势下，我国的经济体系也逐渐由实体经济向金融经济转变。"[①]实体经济涵盖工业、农业、交通通信、商业服务等各种生产服务部门。从狭义角度看，除金融服务业以外具备生产服务活动注册身份的经济组织都可以被称为实体经济，是我国国民经济的基础组成部分，也是与社会经济的稳步发展有直接关系的关键经济力量。

金融经济是指以货币信用为基础，与实体经济相独立的资源持有和交易活动，涵盖货币、证券等多种银行、货币以及信用间的衍生品。金融经济的生成和发展以信用活动为核心，具备比实体经济更为简便的交易模式，并与世界经济体系的建设密切相关。在全球经济下行的大背景下，金融经济与实体经济之间不能相互偏离，必须要打破经济体系、融资模式、互通机制等影响因素对两者的限制，要用科学系统的方式推动实体经济与金融经济实现良性互动。

（一）实体经济与金融经济的关联性

1.实体经济占据着基础性地位

实体经济在所有经济活动中占据着基础性的地位，更是金融经济发展的基石。实体经济一直都是其开展经济研究的逻辑起点。人类社会整体发展的每一步都是建立在由实体经济创造出的社会财富之上的，我国也正是在实体经济发展的基础上，通过阶段性的目标构建完善程度更高的社会工业体系，并进一步发展成为制

---

① 符芳江.关于金融经济与实体经济良性互动关系的思考[J].中阿科技论坛（中英文），2021，（09）：31.

造业强国。

尽管金融经济的虚拟性发展在一定程度上减轻了其对货币的依赖，弱化了货币的刺激属性，但其发展仍然要建立在货币经济的主体功能上，需要实体经济发挥出示范性的指导价值。我国金融经济与实体经济之间的发展还有待进一步协同，从短期的发展角度来看，这对金融经济提升市场经济发展地位带来一定的积极作用。但长此以往，金融经济与实体经济基础之间的分离必定会阻碍其自身的发展，其一旦脱离了实体经济，就会失去了整体性的根基，难以实现长久、稳定的发展。

2. 金融经济推动实体经济的发展

金融经济在得到实体经济支撑的同时，也反过来以强大的推动力刺激着实体经济的蓬勃发展，推动经济社会的可持续发展。金融经济本身所具有的灵动性特征可以帮助它摆脱部分货币的束缚作用，使其可以更好地发挥功能，通过高质量的资源配置来减少经济运行中的成本投入，并在基金、证券等出现投资风险时仍能够做到资金的快速回笼，将货币的损失降到最低。

在互联网、信息化以及各种新兴技术的加持下，我国的社会经济活动发展呈现出高效的发展趋势，网络结算以及线上支付等方式的实现于实体经济而言并非打击，反而是资金流通速度提升的一种体现。在全球经济一体化的大背景下，金融经济刺激着实体经济市场的产品流动，有效避免了产品的停滞问题，以自身的实惠给实体经济的高速发展带来强劲的推动作用。

（二）推动实体经济与金融经济的良性互动

1. 构建完善的良性互动机制

实体经济与金融经济的良性互动同样也需要完善的良性互动机制给予支持，因此，相关部门应该强化多元机制相互配合的工作意识，大力推进良性互动机制的落实和完善，将机制的推动作用发挥到最大。

（1）厘清实体经济与金融经济之间的关联性，全面把握二者之间的关系，并以此为导向推出促进二者双向互动的目标体系，将其作为互动机制的构建原则，真正实现实体经济与金融经济的和谐统一。

第一，实体经济是国民经济的主体，它包括农业、制造业、服务业等各个领域，是创造物质财富和提供就业机会的基础。而金融经济则是实体经济的血脉，通过资金的融通和配置，为实体经济的发展提供必要的支持和服务。

第二，随着金融市场的不断发展和金融创新的层出不穷，金融经济与实体经济之间的联系也变得越来越复杂。一方面，金融市场的繁荣为实体经济提供更多的融资渠道和投资机会；另一方面，金融市场的波动和风险也对实体经济产生了不小的冲击。

第三，全面把握实体经济与金融经济之间的关系，既要看到它们之间的互补性，也要认识到它们之间的矛盾性。只有这样，人们才能制定出更加科学合理的发展战略和政策措施，推动实体经济与金融经济的良性循环和协调发展。

在这个过程中，人们应该以促进实体经济与金融经济双向互动为目标，构建一个有效的互动机制。这个机制应该包括以下几个方面的内容：一是加强经济金融对实体经济的服务能力，优化金融资源配置，降低实体经济融资成本；二是推动实体经济的转型升级，提高其创新能力和竞争力，为金融经济提供更加优质的投资标的；三是加强金融监管和风险防范，维护金融市场的稳定和健康发展，为实体经济的持续发展提供有力的保障。

（2）树立起实体经济与金融经济互动思维，既要对实体经济作出改革发展，又要对金融经济体系进行完善升级。这种互动思维的核心在于，金融经济不仅要服务于实体经济，还要在服务中实现自身的成长与繁荣。

第一，实体经济是国民经济的根基，其稳定与发展对于整个国家来说至关重要。因此，人们需要通过改革创新，提升实体经济的竞争力和抗风险能力。这包括优化产业结构、提高产品质量、加强品牌建设、推动绿色发展等方面的工作。只有实体经济的根基牢固，才能为金融经济提供坚实的支撑。

第二，"金融作为现代经济的核心，对于推动产业转型升级、促进经济绿色低碳发展至关重要。"[①] 因此，为了确保金融市场的稳定与健康发展，需要完善金融经济体系，加强金融监管和风险防范。在这种动态的发展过程中，强化金融经济对实体经济的服务意识至关重要。金融机构应更加注重实体经济的需求，提供更加精准、高效的金融服务。同时，监管部门也要加大对金融机构的约束力度，引导其回归本源、服务实体，防止资金空转和脱实向虚的现象发生。此外，监管部门还可以为金融机构提供一定的政策支持和激励措施，鼓励其为实体经济提供更多的优质服务。为了实现实体经济与金融经济的良性互动，相关部门还应该针

---

① 朱志恒. 长三角城市群绿色经济与金融发展的耦合协调研究［D］. 南京：南京林业大学，2023：1.

对实体经济的发展需求开展全面的调研分析。通过深入了解实体经济的痛点和难点，可以为金融机构提供更加有针对性的金融服务方案。同时，加强信息沟通和共享机制的建设也是促进两者良性互动的重要手段。只有充分掌握实体经济的信息和数据，金融机构才能更加精准地把握市场机遇和应对风险挑战。

第三，构建实体经济与金融经济的良性互动机制需要全社会的共同努力。政府、企业、金融机构和监管部门等各方都应该积极参与其中，形成合力推动两者的共同发展。政府可以通过制定相关政策和法规来引导和规范市场行为；企业则应该注重自身经营和风险管理水平的提升；金融机构需要不断创新和完善服务模式；监管部门则要加大对市场的监督和管理力度。只有各方齐心协力、共同努力，才能实现实体经济与金融经济的良性互动和共同发展。

（3）在实体经济与金融经济之间，信息流通的畅通无阻至关重要。相关部门必须对这两大经济领域的运行数据和信息进行全面而深入的掌握，如同一位精明的指挥官需要对战场上的每一个角落了如指掌。这不仅意味着要收集大量的数据，更要对信息的来源进行严格的筛选和验证，确保每一条信息的真实性和时效性。因为只有建立在准确、真实信息基础上的互动机制，才能保证双方良性而高效的沟通。

然而，仅仅掌握信息是不够的。人们还需要对这些海量的数据进行深入挖掘和分析，探寻其中隐藏的规律和趋势。这些运行数据中蕴含着巨大的指导价值，如同宝藏等待发掘。通过对数据的解读，人们可以洞察实体经济和金融经济的运行状态，预测其未来发展趋势，从而为政策制定者提供有力的决策支持。

基于这些分析和预测，相关部门可以对现有的政策和制度进行合理调控，以促进实体经济与金融经济的协调发展。例如，通过调整货币政策来控制通货膨胀，或者通过财政政策来刺激经济增长。同时，还可以根据数据分析结果来优化资源配置，提高经济运行效率。

总之，实体经济与金融经济之间的良性互动离不开准确、真实的信息基础。相关部门必须高度重视信息收集工作，不仅要全面掌握数据，还要深入挖掘其背后的价值。只有这样，才能确保双方互动机制的健康运行，为实现共同的发展目标提供有力保障。

（4）通过创建银证机构的方式来加强实体经济与金融经济之间的有效链接。二者应该能够依托该机构对国家的相关金融发展政策进行全面、细致的了解，并以此为指引对当前的经营发展结构进行调整，进一步强化二者管理责任部门间的良好沟通。该机构还应该结合双方的实际发展情况对各自的发展政策进行深入的研究，及时发现其中的漏洞和短板，并提出相应的完善建议，通过这种操作来强化该机构对实体经济与金融经济良性互动的帮扶价值。此外，还可以针对二者经济活动中的问题提出指导建议，通过事前预警、事中监管以及事后反馈的方式来提升实体经济与金融经济的活动成效，进一步提高双方良性互动关系的紧密程度。

2. 创建科学的信贷体系

实体经济与金融经济之间的良性互动需要创建一个科学的信贷体系，应该确保融资标准以及融资渠道符合当前社会主义市场经济的发展特点，可以为实体经济与金融经济的共同发展提供强有力的支持。

（1）推动资本市场的高质量发展，对于促进经济的持续健康发展具有不可估量的作用。在这个过程中，各地政府需要充分发挥其职能和资源优势，通过不同部门的紧密协作，形成推动资本市场高质量发展的强大合力。

为了实现这一目标，政府部门之间需要建立有效的沟通机制，确保政策制定和执行的无缝对接。财政部门可以发挥关键作用，通过设立专项扶持资金，为企业上市提供必要的资金支持。这些资金不仅可以降低企业的融资成本，还可以增强企业在资本市场的竞争力，进而提升整个资本市场的活力和效率。同时，金融监管部门需要加强对资本市场的监管和风险防范，确保市场的公平、公正和透明。通过引入市场化、科学化的监管手段，可以有效遏制市场乱象，保护投资者的合法权益，为资本市场的健康发展提供有力保障。

此外，政府还可以通过政策引导，鼓励金融机构加大对实体经济的信贷支持，降低企业融资难度和成本。这将有助于优化资本配置，提高资本使用效率，进一步推动资本市场的高质量发展。

（2）拓展融资渠道。在这一过程中，相关机构的积极参与显得尤为关键。为了深入了解金融机构在融资过程中的真实挑战，这些机构需要亲身投入金融活动中，通过实践来感知金融机构在融资上的难点。这种参与不仅仅是为了获取信息，更重要的是基于这些信息，为金融机构提供有针对性的支持，从而强化它们的融资能力。

此外，对于实体经济的金融支持也不容忽视。只有当实体经济得到足够的金融滋养，才能茁壮成长，进而推动整个社会的经济繁荣。因此，人们需要切实加大对于实体经济的金融支持力度，确保融资渠道的拓展和丰富，让更多的企业能够获得所需的资金支持，从而推动经济的持续发展。

然而，融资过程并非毫无风险。为了降低这些风险，人们可以考虑构建社会信用体系。这一体系可以为企业之间的融资合作提供一个信用评估的平台，使得信用评估的结果成为开展融资合作的参考依据之一。通过这种方式，人们可以有效地降低实体经济与金融经济双向互动中可能存在的风险，使得融资过程更加稳健可靠。

（3）从科学性的角度对融资的标准作出调整，进一步消解金融经济带来的消极影响。在制定融资标准时，主管单位应该合理掌握其所具有的约束力，既不能将标准设置得过于宽松导致融资单位的保障有所缺失，也不能制定得过于严苛使得金融机构出现融资不足的问题。因此，实践中相关单位必须要根据实体经济与金融经济的实际发展情况来制定科学的融资标准，并注重融资标准的灵动性，要随着经济市场的动态变化以及金融经济和实体经济发展的需求作出调整，真正发挥出其对实体经济健康发展的推动作用。

综上所述，实体经济与金融经济存在着紧密的联系，实体经济是金融经济发展的基石，金融经济也会反过来从正向和反向两方面影响实体经济的发展。因此，在我国经济体制持续改革的大背景下，应该深入研究实体经济与金融经济保持良性互动的方法，通过扩大金融机构的规模、提升金融服务的水平以及强化风险控制的质量建立完善的良性互动机制，进一步拓展融资的渠道，营造良好的生态环境从科学的角度把握融资标准的约束力，创建科学的信贷体系，从不同的方面消除实体经济与金融经济双向互动路上的障碍，充分发挥社会主义市场经济的优势，推动实体经济与金融经济良性互动的平稳发展。

3. 营造良性的金融生态环境

在经济活动的发展过程中，无论是实体经济还是金融经济都需要良性、健康的金融生态环境以及支撑。因此，要想实现实体经济与金融经济的良性互动，就必须要为其营造良性的金融生态环境。

（1）扩大金融机构的规模。地方政府可以从政策扶持上着手，加大金融机构的数量，提升它们的核心竞争力。具体包括：政府应该加大金融机构的引进力度，要让金融服务领域处于供给侧结构性改革的范围内，坚持"对症下药"的基本原则应用外引内联等多种手段，通过多方联系和市场运作等方式将地方政府的宏观调控能力发挥到最大，积极引导中小型的金融机构入驻地方，拓展当地信贷机构的发展规模。政府可以在税收政策上作出调整，结合实际情况适当地放宽税收限制，通过减免税款的方式来缓解金融机构的运转压力。

（2）做好金融服务。政府应该针对企业服务的途径作出创新，通过为金融企业和实体经济提供全方位的金融服务，来营造积极向上的金融发展环境。一方面，政府可以借助银企对接会以及企业座谈会等形式，为银行和企业搭建一个交流沟通的平台，优化企业与银行间对接的效果，提升企业货币资金信贷的成功率。另一方面，还可以加大对金融产品的支持力度，鼓励金融机构开创新的金融服务产品。例如，地方政府可以将"三农"工作作为切入点，通过政策扶持来引导信用联社、农业银行等涉农金融机构优化当前的金融服务方式，加大对新农业主体的帮扶力度。除此之外，政府还可以鼓励涉农金融机构向品牌化方向发展，开创能够满足当地"三农"经济需求的金融产品，创新信贷方式，创设"种粮大户互保"新机制，推动财产抵押的品类朝多元化的方向发展。

（3）强化风险控制。金融风险在金融经济和实体经济的发展过程中客观的存在，给二者的发展带来一定的不确定因素，因此，强化金融风险控制是营造和谐金融经济环境中的关键一步。

第一，相关部门要不断完善风险监控体系，加大对金融机构风险监测的强度，依托动态的监测体系实现金融风险的全程识别。同时，还要做好风险的预警对策分析，针对不同的预设金融风险出台相应的风险响应措施，通过及时的识别和应对来尽可能地降低金融风险带来的损失。

第二，还可以通过加大市场监管的力度来实现风险的有效掌控。金融市场的监管部门应对经济市场的整体走向和发展趋势进行详细把控，同时，还应该全面了解金融机构资金的流动和使用情况，通过科学的观测和研究及时发现资金回流异常、流动性减弱等非正常情况，全面提升风险把控的强度。

第二节　经济与金融融合发展的可行性

一、经济与金融融合的现实条件

第一，技术创新为经济与金融的融合提供有力支持。近年来，以互联网、大数据、云计算和人工智能为代表的前沿技术迅猛发展，这些技术革新极大地提升了金融服务的触达能力和处理效率。例如，通过互联网平台，金融服务能够覆盖更广泛的潜在客户群体，实现跨地域、全天候的服务；大数据分析则能够帮助金融机构更精准地评估风险、定制产品和优化服务流程；而人工智能的应用，如智能投顾、风险预警系统等，更是提升了金融服务的个性化和智能化水平。这些技术进步不仅降低金融服务的成本，还提高服务的便捷性和满意度，为经济与金融的深度融合提供技术支撑。

第二，政策环境的支持对于经济与金融的融合至关重要。各国政府普遍认识到金融在经济发展中的核心作用，因此纷纷出台了一系列政策措施来优化金融生态环境。这些政策包括但不限于：降低金融市场准入门槛，鼓励金融创新和竞争；加强金融监管，保障金融市场的公平、透明和规范；提供税收优惠和财政支持，促进金融与实体经济的深度融合。这些政策举措为经济与金融的融合创造了有利的外部环境。

第三，市场需求的驱动是经济与金融融合发展的内在动力。随着经济的持续增长和居民财富的不断积累，社会对金融服务的需求呈现出多样化和个性化的趋势。企业为了扩大规模、提升竞争力，对投融资、并购重组等资本运作的需求日益旺盛；而个人在财富管理、保险保障、消费金融等方面的需求也在不断增长。这些市场需求的变化，直接推动金融产品和服务的创新，促进经济与金融的深度融合。

二、经济与金融融合的潜在优势

第一，通过金融市场的深化发展，资金能够更加高效地流向生产效率高、创新能力强的企业和项目。金融市场的价格发现机制能够准确地反映不同投资项目的风险和收益预期，从而引导资金进行合理配置。这不仅有助于优秀企业获得必要的资金支持以实现快速发展，还能促进整个社会资源的优化配置，提高经济效益。

第二，金融市场的多元化和金融产品的创新为经济主体提供丰富的风险管理工具。这些工具包括期货、期权、保险等衍生产品，它们能够帮助企业和个人有效地对冲和分散各种经济风险。在面临市场波动和不确定性时，这些风险管理工具能够显著降低经济损失，增强经济的稳定性和抗风险能力。

第三，金融市场的发展对于推动经济结构调整具有积极作用。在新兴产业和绿色经济领域，金融市场能够提供必要的资金支持和风险分散机制，促进这些领域的快速发展。同时，通过金融市场的信号传递功能，能够引导更多的资源投入到这些具有发展潜力的领域，从而推动经济结构的优化升级和可持续发展。这种结构调整不仅有助于提升经济增长的质量和效益，还能增强经济的整体竞争力和抗风险能力。

第三节　经济与金融融合发展的路径选择

一、融合、融合度、融合协调与融合协调度

融合的概念源于物理学，指不同的电路构成的网络会相互影响，系统融合是对不同的系统之间相互作用和依赖的衡量。随着融合理论的深入发展，融合研究被逐渐应用于经济学领域中。融合度是衡量系统之间相互作用大小的指标，体现系统间作用的紧密程度。系统融合度凸显了系统之间多个变量的联系，若融合度高，则说明系统间各变量联系紧密，关联度高。融合度只反映了系统之间的作用力度，而低层次系统之间通过相互作用也可能产生很强的内聚性，从而出现系统融合度较高的情况，这就导致在使用单一融合度时不能真实地体现系统发展状况。

融合协调的特征包括：①自适应特征。是指达到融合协调发展状态的系统自身具有同外部环境实现自我调整以达到相互融合的能力。②自进化特征。是指系统本身具有自我调整、优化以实现量变到质变的能力。③自发展特征。指各系统所组成的稳态系统具有对自身进行去粗取精、去伪存真的能力。④被组织特征。在融合系统中，各系统往往具备不同的发展目标，因此各系统并不会完全按照自组织路径进行发展，而是自身与其他系统相互作用、相互推进系统演化的过程。

融合协调是对融合的进一步发展，它弥补了融合度无法反映系统间相互作用层次高低的缺陷。协调度揭示了系统之间良性互动、协调发展的程度，融合度只能反映各系统之间相互作用的强度，不能反映出它们之间是否良性融合，融合协调度体现了系统之间协调状况的好坏，反映出系统之间的相互作用是低层次的融合还是高层次的融合，因此，融合协调度更能反映系统之间真实的发展水平。

二、金融与实体经济融合协调度的发展趋势

充分发挥金融先导性作用，提高金融服务实体经济的水平；优化金融市场区域结构，提升实体产业布局与金融支持匹配度；培育集聚"三功能"区域，提出提升融合协调整体集聚水平的建议，为以金融促进实体经济发展、以实体经济带动金融深化提供决策参考。

（一）充分发挥金融先导性作用，提升金融服务实体经济的水平

第一，优化金融体系结构，促进金融供给多元化发展。①优化金融市场业务结构，顺应信息时代发展要求，政府应出台相关措施积极规范和发展 P2P 网贷、第三方支付、股权众筹等普惠金融业务，保障实体经济部门融资来源的多样化；②优化资本结构。以高效的监管政策为保障，畅通民间资本投融资渠道，鼓励民间资本平等依法进入资本市场，促进与国有资本的适度竞争，降低实体企业融资成本；③优化金融产品供给结构。抓住金融科技发展机遇，努力改善金融产品同质化、单一化的现状，设计适合实体经济企业投资的期限灵活产品，满足实体企业多样化的金融服务需求。

第二，完善银行体系结构，形成对实体企业转型的推动力。一是发展中小银行，与国有大银行形成梯队服务结构，构建层次化银行体系，提高信贷资金流向的灵活性，以服务不同群体、产业和区域客户；二是优化信贷资金投向，助推实

体产业结构升级。按照有扶有控、有保有压原则服务国家战略，对接国家重点帮扶产业、项目、部门，提升实体经济对过剩产能的化解效率；三是优化银行管理机制和业务流程，缩短实体企业融资链条，有效降低企业融资成本。

（二）搭建东、西部对接平台，提高产业布局与金融支持匹配度

从融合协调水平的空间差异状况看，地区发展差异为东部＞中部＞西部地区，且区域间融合协调程度仍存在显著差距。因此，应搭建东、中、西部对接平台，以先行省域带动落后省域，加快对落后地区的金融市场改革，完善实体产业的布局结构，提升产业布局与金融支持的匹配度，构建二者协调发展的互动机制。

搭建东、西部地区对接平台，以先行省域带动落后省域，缩小省域金融与实体经济融合协调的差异程度。东部地区各省域整体协调水平较高，因此应通过所搭建的对接平台进行资源要素、发展经验共享，带动落后省域金融及实体经济发展，从而提升两系统的融合协调水平。西部地区融合协调水平整体较低，主要是受区域内各省（市）金融发展长期滞后于实体经济发展的影响，因此首先，应参考融合协调水平较高的东部省域的发展经验，结合自身优势特色产业，如贵州现代山地特色高效农（林牧）业、云南特色旅游业等，培育创新现代服务业，增强产业的资金吸引力，缩小与其他省（市）的发展差异；其次，充分发挥区域内金融发展水平较高如四川的带动作用，带动其他各省域金融发展水平的提升，实现对实体产业发展的有力支撑。四川地处西部中心，辐射范围可基本涵盖西部地区各省域，因此政府应继续大力支持成都建设成为西部金融中心，借助成都金融中心的辐射效应，向西部其他省域辐射，转移资本、人才、技术等市场要素，提升西部各省域的金融发展水平。

合理规划实体产业布局，明确国家导向型产业，升级优化实体经济产业结构，增强其对资本的吸附力。首先，化解实体产业过剩产能，提升全要素生产率，节流金融资本以投向优势产业，改进供给质量；其次，推动实体经济产业创新，实施创新驱动发展战略，延长产品产业链提高附加值，推动低端产业向中高端水平迈进；最后，推动实体产业多元化发展，培育现代服务业等新的实体经济增长点。

（三）培育集聚"三功能"区域，扩大空间集聚效应

针对融合协调集聚水平地域性差异突出、未呈现明显的跃迁趋势，以及尚未

形成规模以上空间聚集效应的现象的问题。

第一，强化相邻金融与实体经济融合集聚区之间及集聚区内部的资源要素整合、联合开发，形成高水平集聚区带动低水平集聚区的发展格局，兼顾区域发展平衡，合理确定集聚区规模与层次，规划为扩散辐射功能区、承接过渡功能区及配套功能区，因地制宜厘清各功能区的发展导向和要求，有序推进建设。

第二，落后省域政府还应在保障稳定发展、风险可控、良性竞争的前提下，适当倾斜政策引进高端优质金融资源及引导实体企业进入，创造吸引金融及实体企业的软、硬件环境。如完善基础设施建设、给予企业税收及土地优惠引进政策、完善人才培养机制，促进金融及实体经济发展集聚水平的提高。

（四）大力发展证券业与建筑业，强化空间集聚水平

根据融合协调空间集聚驱动因素的分析结果可知，要助推省域金融与实体经济融合协调度的整体提升，实现证券业、建筑业的平衡发展是关键。因此，应大力发展融合协调度落后省（市）的证券业与建筑业，借鉴区域内发展较好的行业发展经验，促进证券业及建筑业内部结构的完善，缩小与其他省（市）金融与实体经济融合协调的差异，提升整体空间集聚水平。

结合现状分析部分，证券业方面，东部地区原有规模较大，增速缓慢，应着眼于结构的调整，因此可进一步扩增创业板、中小板市场规模，为成长性高的新兴企业提供筹融资渠道；完善新三板市场、支持区域性股权交易市场发展等使得多层级资本市场匹配中小企业融资需求。西部地区正处于扩张期，应在追求规模扩张的同时，关注结构的完善和效率的提升，因此应在进行银行体系改革的基础上，扩展直接融资市场，培育多层次资本市场；建筑业方面，海南、西藏、青海、宁夏建筑业增加值偏小。一方面，可向建筑业规模较大的江苏、山东等省份引进专业技术管理人才，提高管理效率，扩大市场占有率；另一方面，还可发挥地理优势，因地制宜结合自身实际情况，发展地区特色建筑业；完善地区市场改革，推进企业改革，重组超大型企业，稳定大型企业，扶持中小型企业，形成完善的金字塔结构，促进良性竞争。通过发展资本市场和建筑业，提升融合协调的空间集聚水平。

（五）建立协调度评价机制，增强融合协调水平的稳定性

建立金融与实体经济融合协调水平评价机制，构建两部门协调有序发展的长效机制。

从国家层面看，中央政府应基于金融与实体经济发展规划，建立完善、稳定的省域层面协调水平评价指标体系，以更全面地衡量各省域金融与实体经济融合协调水平。

从地区层面看，东、中、西部地区可建立监察机构，根据区域金融与实体发展现状，在保证金融安全的前提下对区域内各省域金融与实体经济融合协调水平进行实时监督，及时发现与调整二者的不协调状况，定期向上级汇报，实现金融与实体经济的协调共融。

从省域层面看，政府需要求省内各部门积极配合金融与实体经济协调水平测度工作，在每个报告期内根据国家制定的指标体系提供相关数据，由省政府根据相应的测度方法及时测度二者的协调水平，实现对金融支持实体经济发展的情况和实体经济增长带动金融发展的效果进行定期监测，还可根据省内金融和实体产业发展情况，因地制宜制定相应的奖惩措施，激励实体产业的创新及加大金融的支持力度。

三、金融创新与经济高质量发展的融合协调

（一）金融创新与经济高质量发展融合协调的动因

金融创新与经济高质量发展在多种因素的作用下实现融合协调，主要包含市场供求变动、政府宏观调控、互联网迅速发展和风险防控能力提升。对二者的融合协调动因进行研究，有利于消除金融创新与经济高质量发展融合协调发展的障碍，实现两系统的良性互动。

1.市场供求变动

金融市场的供求关系在创新的过程中不断发生变动，自发调节金融市场的价格与要素流通。价格与供求关系是金融市场机制的核心，金融市场中价格的变动引起金融供给和需求之间的变动，供求的变动又会引起价格的变动。如果某种金融创新有较好的前景时，金融资本会大量向这种金融创新的相关领域流动，从而

引起价格的上涨，供给增加；如果某种金融创新带来的金融回报率较低，对该领域的金融资本投入就会减少，从而引起价格下降，供给减少。通过价格与供求的变动促进金融资源的优化配置，推动金融创新与经济高质量发展的融合协调。

2. 政府宏观调控

金融创新与经济高质量发展的融合协调需要政府部门的大力支持。政府完善与金融创新相关的金融制度与法律法规、加大财政投入和补贴、税收优惠政策等，能够有效弥补市场机制的滞后性、外部性等缺陷。市场在某些情况下会出现失灵，这时候政府的宏观调控就显得尤为重要，需要对市场行为进行一定的约束和监管，对金融创新活动提供经济、行政、法律等方面的支持，使金融创新与经济高质量发展具备融合协调的宏观基础，对两个子系统间各要素进行调整，以应对市场失灵带来的负面影响。将财政投资与金融资本同质化，可以提高政府财政资金的使用效率。政府实施相关的政策对金融创新进行引导与激励，金融市场各要素有序流动，加强金融贸易与金融创新，有效地支撑了金融创新与经济高质量发展，促进二者之间的融合协调。

3. 互联网迅速发展

随着信息技术的快速发展，互联网大幅提升了信息和知识的传播速度，互联网在金融领域得到了广泛应用，互联网技术与金融功能的结合已成为一种重要的金融模式。互联网金融有效地解决了金融信息不对称的问题，促进金融创新主体间的交流，加快了金融创新的要素流动，减少了金融创新的成本，大幅提升了金融创新的能力。经济高质量发展过程中，各区域要进行创新发展，也要进行协调发展，信息技术能够为各区域间协作交流节约时间成本，提高了资源配置效率，从而促进区域经济高质量发展。互联网金融使金融创新的成果传播不受时空的限制，能够快速地在各区域间流动，更好地促进地区间的经济发展，使得金融创新与经济高质量发展的融合产生了内在动力。在推动创新型金融机构互联网转型升级的过程中，需要将互联网思维融入创新服务和产品中。以上说明，互联网技术的广泛传播和应用为金融创新与经济高质量发展的融合创造内在动力，这不仅有利于金融创新与经济高质量发展的紧密融合，也有利于促进金融创新与经济高质量发展的融合协调发展。

（二）金融创新与经济高质量发展融合协调的形式

1. 结构上的融合协调

金融创新与经济高质量发展都是由许多要素构成的复杂系统，两个系统相互依赖、相互作用。金融创新与经济高质量发展在结构上的融合协调体现在两个系统结构的有机结合，形成复杂的和层次性的融合协调框架。系统间各要素相互作用，实现融合系统内的信息传导、资源流通和价值传播，使金融创新与经济高质量发展的融合协调结构能够健康稳定地发展。

金融创新与经济高质量发展在结构上融合协调较好可以促进金融创新，优化产业结构，进而推动经济高质量发展，以此循环有序发展。这种融合协调的结构有多种，比如："金融—创新—经济"结构反映了金融的发展引发创新活动，而创新又是经济发展的第一动力，推动经济高质量发展；"创新—经济—金融"结构体现了创新推动经济发展，而经济发展带来金融资本的积累，促进金融业的发展；"经济—金融—创新"结构则反映了经济的发展增加了金融市场的需求，助推金融业的发展，而金融业的发展面临新的金融环境，从而促使创新活动的进行。金融创新与经济高质量发展在结构上具有的紧密内在关系，有利于推动二者的融合协调发展。

2. 功能上的融合协调

金融创新与经济高质量发展的融合系统是一个开放、复杂的耗散结构，由自组织理论可知，金融创新与经济高质量发展子系统各要素通过相互作用形成一个统一的整体，信息传导、资源流通和价值传播是整体系统的基本功能。金融创新与经济高质量发展复合系统的总体功能是在各子系统的基本功能相互协调作用下实现的。

金融创新与经济高质量发展的融合协调功能主要表现为金融创新系统各要素要发挥金融资源配置、技术研发功能等；经济高质量发展系统要发挥金融政策引导与激励功能、完善金融宏观环境功能等。两个子系统的功能之间相互匹配作用，实现相互协调发展。在关注各要素功能的同时，也要关注两者构成的复合系统的功能，实现协调发展的良性循环。

3. 效应上的融合协调

金融创新与经济高质量发展的融合协调需要通过各子系统的相互配合才能发

挥复合系统的总体功能作用。技术和创新能力的提升是金融创新能够维持长久生命力的根本，但这些需要经济高质量发展为其提供良好的环境与市场，包括国家大力推动自主创新、培养科技人才、扩展金融市场、完善金融政策与法规。

经济高质量发展要维持可持续发展需要金融创新为其增添动力，通过金融创新提供更多对社会便利的产品与服务，增强经济韧性。为了实现社会和经济效益的最大化，金融创新与经济高质量发展的融合协调体系必须合理分配利益，并通过两者的相互协调促进融合体系的良性发展。金融创新水平高的企业与机构能够吸引大量的资金与人才，从而产生聚集效应；经济高质量发展能够培养更多的科技人才，推动更多的技术发展，而这些人才与技术的流动会带来集聚效应和辐射效应。

（三）金融创新与经济高质量发展的融合协调策略

实现金融创新与经济高质量发展的全面有机融合，是建设创新型国家、建设现代化强国、提高国际影响力和竞争力的重大战略，对于破解经济瓶颈、稳定经济增长具有积极的作用。

1.完善金融监管体系，增强融合协调的稳定性

金融监管作为金融市场稳健运行的保障，对金融创新的推动作用日益显现。一个完备的金融监管体系不仅能够保障金融市场的平稳运行，而且可以为金融创新提供良好的生态环境。金融创新作为现代金融业的核心驱动力，其发展的深度和广度直接决定金融市场的活力和效率。然而，随着金融创新的加速，金融产品的结构日趋复杂，嵌套层次增多，资金流向的隐蔽性增强，这些都给金融监管带来新的挑战。为了应对这些挑战，金融监管机构需要采取一系列措施来完善监管体系，确保金融创新的健康发展。

对金融机构的创新活动进行实地调研和现场检查，是必要且关键的。通过这种方式，监管机构能够深入了解金融创新的运作模式和潜在风险，进而对创新活动进行有效的指导和监管，确保其在稳定的基础上取得进展。此外，实地调研和现场检查还能够为监管机构提供宝贵的一手资料，帮助其更好地制定和完善监管政策。

随着信息技术的快速发展，金融机构在创新过程中越来越多地利用网络技

术来提升效率和降低成本。因此，金融监管机构也需要充分利用这些先进的技术手段来提升监管能力。例如，通过大数据分析、云计算等技术，监管机构可以更高效地收集和处理数据，及时发现风险，并采取相应的监管措施。同时，信息技术还可以帮助监管机构实现与其他部门的信息共享和协同监管，提高监管的整体效率。

在完善金融监管体系的过程中，监管机构还需要注意平衡监管与创新的关系。一方面，监管的目的是确保金融市场的健康稳定发展，防止风险的发生和扩散；另一方面，过度的监管可能会抑制金融机构的创新活力，阻碍金融业的发展。因此，监管机构需要在确保监管有效性的同时，尽可能地减轻金融机构的创新压力。

为了减轻金融机构的创新压力，监管机构可以采取多种措施。例如，可以优化监管流程，减少不必要的审批和报告要求，降低金融机构的合规成本。此外，还可以加强与金融机构的沟通和协作，共同研究和解决创新过程中遇到的问题。通过这些措施，监管机构可以在保障金融稳定的同时，促进金融创新的健康发展。

2. 实行区域差异化政策，促进区域间平衡发展

金融创新和经济高质量发展两个系统之间的融合协调程度在不同区域存在显著差异，这是由于各地区金融创新投入的差异和经济发展基础差异等造成的。在其融合协调过程中，政府发挥着重要的作用，通过制定经济发展路线，构建金融市场环境等方式，为金融创新指引方向。为实现金融创新与经济高质量发展的协调发展，解决各地区存在的发展失衡问题，需要鼓励支持落后地区的经济建设，引导金融资源向金融创新能力薄弱的地区流动，增强这些地区的金融创新能力。

在政策方面，要向落后地区倾斜，完善金融体系，适当提高金融投资强度、扩大投资规模，优化金融创新环境。关注金融创新投入和产出的利用效率，引导资金流向投入产出比较低的地区，从而实现金融创新更好地为经济高质量发展提供动力。除了政府的引导，各地区之间也需要强化合作，金融创新与经济高质量发展的融合协调具有显著的空间相关性，需要加强区域间合作，实现资源共享，进一步增强整体发展的协调性。

3. 推进金融机构数字化转型，拓展融资渠道

做好金融机构数字化转型，打造高效的管理模式是基础，依托人工智能、大数据等技术，金融机构可以建立各类模型，应用于各项业务决策，满足业务发展需要，有效提升风险管理能力。在数字化转型过程中需要科学探索变革方式，

不同的金融机构发展的环境不一样，需要根据自身情况进行科学转型，在转型过程中不断优化调整。金融机构的数字化转型改变传统的借贷模式，催生了"小额贷""信e贷"等新型信贷模式，拓展了金融机构的融资渠道。只有打破融资的障碍，才能促使金融机构拓展多样化的融资渠道，进一步吸引民间资本流入来提升自身的资本体量和抗风险能力，从而形成良性循环发展。

4.注重创新人才培养，营造良好发展环境

人才被誉为发展的首要资源，尤其在金融行业，这一观点得到了广泛的认同。随着全球经济的不断发展和金融市场的日益成熟，金融创新已经成为推动经济发展的重要力量。然而，要实现这一目标，迫切需要大量的复合型金融专业人才。这些人才不仅需要具备深厚的金融理论知识，还需要对市场趋势有敏锐的洞察力，以及卓越的创新能力和实践经验。他们能够根据金融行业的动态变化，为金融机构设计出更具吸引力的金融产品和服务，从而推动金融市场的持续繁荣和发展。

（1）建立校企合作和企研合作机制是关键。金融机构可以与高校和科研机构建立密切的合作关系，共同制定人才培养计划。这样不仅可以提升高校和科研机构培养金融创新人才的自觉性和针对性，还可以为学生提供更多实践机会和就业渠道。

（2）金融机构应优化人力资本结构。随着金融科技的快速发展和应用，传统金融人才的结构已经不能满足市场需求。因此，金融机构需要积极调整人力资源策略，加大对创新型人才的引进和培养力度。同时，针对不同个体的创新潜质和特点，实施差异化培养策略，以激发他们的创新潜能和提升专业技能。

（3）推动金融市场人才价格机制的形成也是至关重要的。只有建立公平竞争的市场机制，才能吸引和留住优秀的金融创新人才。为此，需要建立以"金融创新人才导向"为核心的金融创新体系政策，为人才提供合理的薪酬和激励机制，确保他们在金融市场中得到应有的认可和回报。

（4）各地区也应不断完善与人才培养相关的机制。通过优化教育资源配置、加强职业培训和继续教育等措施，为金融创新人才提供充足的成长空间和支持。同时，政府和社会各界也应共同努力，营造尊重知识、鼓励创新的良好氛围，激发全社会的创新活力和创造力。

第四节 经济与金融融合发展的实践发展

一、产业金融与实体经济高质量发展的融合路径

产业金融是指金融体系在日趋综合化过程中所形成的相互依托并可以有效推动特定目标产业发展的金融活动总称，其核心词是金融、特定产业、融合。产业金融是以产业为服务对象的一种金融模式，也是一种金融产品线，产业金融的对应面是商业金融，是以储蓄投资为目的的金融。实体经济和产业金融，在量的积累上均表现突出，虽进入增长的平台期，但是在质的突破上，还处于瓶颈期。在建设中国式现代化的新征程上，需要高度重视产业金融的健康发展，引导、驱使产业金融成为实体经济高质量发展的最有力的支撑力量，这是当前经济理论界的重大课题。

产业是实体经济的组成形式，产业金融是以产业为服务目标的，发展产业金融实质上是支持实体经济的发展，提升产业金融助力实体经济高质量发展的贡献度，必须厘清产业金融的基本概念、内涵及其与实体经济高质量发展之间的关系逻辑，找准影响产业金融发展的因素，从而提出相应科学对策。

（一）产业金融对实体经济发展具有重要意义

产业经济作为实体经济的核心组成部分，其发展与金融领域的紧密合作是推动整体经济繁荣的关键。在金融体系尚不完善、金融资源相对稀缺的现状下，产业金融在支持实体经济发展中扮演了尤为重要的角色。产业金融不仅确保了实体经济资金的稳定循环，持续为产业提供金融资源以扩大其规模，同时也依托并推动实体产业的健康发展，进而强化了金融体系自身的实力。

实体经济中的主导产业，构成了产业金融存在与发展的基础与载体。主导产业的持续壮大，不仅引领了特定经济区域内的产业和金融政策方向，如当前产业金融在推动绿色经济发展方面的显著作用，也为产业金融的进一步发展提供了广

阔的空间。实体经济的发展潜力巨大，随着产业的不断壮大，产业金融也将随之获得持续的发展动力，成为推动实体经济发展的重要支柱。近年来，我国对重点产业发展的金融支持更是显得至关重要。

（二）产业金融助力实体经济高质量发展具有坚实的市场基础和技术逻辑

实体经济高质量发展需要产业金融的呵护与支持，在发展投资资金保障、纾困性资金安排、资金链稳定运行等方面发挥产业金融的赋能作用。"高质量"的要求指向低成本、低消耗、优结构、高效率、能平衡、可协调、有普惠等发展指标。这既需要通过产业金融的结构优化和功能提升，将资源要素引导到优质高效经济领域和市场主体；也需要产业金融扩大服务覆盖面，并通过技术赋能和效率变革压降金融服务费用，提升经济结构短板领域的金融获得性并帮助其转型升级，减少实体经济的资金成本压力；还需要产业金融通过优质的金融服务和金融产品，借助金融技术的力量，赋能实体经济循环生态中的资金流通和资源协调，帮助实体经济运行提质增效。

"高质量发展"的另一个维度要求指向数字经济发展和实体经济的数字化运转，数字经济为实体经济发展开拓新的增量结构和优质动能，而实体经济的数字化运转又能够提升实体经济的发展韧性和运行效率；产业金融在支持数字经济发展并推动数字经济与实体经济融合以进一步推动实体经济高质量发展方面，具有新的使命任务。无论是数字产业化的项目投资，还是产业数字化的资金需求，都需要产业金融的支持，而数据要素的价值发现与价值创造，也需要金融化的运作处理。

（三）产业金融与实体经济深度融合的实施路径

第一，推动产业金融与实体经济的深度融合，促进服务实体经济的产业金融主体多元化发展。优化金融机构的结构体系，确保各类金融机构的比重合理，改进金融机构的地区布局，使其与地区经济发展程度形成有效的适配结构，从而更好地服务于实体经济。

第二，加强实体企业的企业治理是产业金融与实体经济深度融合的关键。通过实施有效的企业治理，借助内外部资源，确保企业决策的科学性和正确性。这将有助于构建实体企业长期稳定的运行机制，进而将实体经济的发展实力转化为对产业金融的强大吸引力。通过这种方式，提升产业金融供需双方的融合度和黏性，构建长期稳定的产融合作机制。

第三，为了促进产业金融与实体经济的深度融合，企业必须增强其发展后劲。市场对实体经济企业的影响是深远的，因此企业必须致力于可持续发展，并不断增强其发展潜力。这将有助于引导产业金融将资源更有效地配置到实体经济中的优质企业群体。同时，金融机构应密切关注市场导向和信号，积极支持这些优质实体经济的发展。然而，市场机制也需要在政府的合理引导下运作，以确保资本在产业政策指导下有序流动。

第四，为了实现产业金融与实体经济的深度融合，产业金融服务实体经济的内容和过程必须均衡化。这意味着服务需要覆盖实体经济的整个循环过程，并确保各部门之间的结构均衡。此外，通过产业投资来调整和优化实体经济结构，以解决可能存在的失衡问题。

第五，为了持续推动产业金融与实体经济的深度融合，不断创造有利于产业金融发展的条件。这包括增强产业金融对实体经济的支持动力，并鼓励金融机构承担起推动实体经济高质量发展的社会责任。同时，金融机构应坚决落实国家方针政策，坚持正确的金融发展方向。

第六，实体经济企业需要努力提升自身吸引力以增强市场竞争力，从而更好地与产业金融进行深度融合。这要求企业紧密跟随产业发展趋势，确保战略方向的正确性，并加大科技投入以推动数字化转型。这些努力将有助于提升企业对产业金融的吸引力，进一步促进产业金融与实体经济的深度融合。

第七，为了加速产业金融与实体经济的深度融合，打造强大的产业金融发展生态圈。这包括搭建高效的产业金融服务平台，以实现供需双方在线上的便捷交易，同时，积极推进数字产业金融的发展，利用新一代数字技术显著提高服务效率和质量。

第八，深化金融供给侧结构性改革对于保持产业金融与实体经济深度融合的可持续性至关重要。密切关注产业金融服务对象的新需求，并提供综合化、多元化和个性化的服务。此外，完善产业金融供给体制与机制以及加强金融行业间的协调发展也是必不可少的措施。这将有助于构建一个更加稳健和高效的产业金融与实体经济融合体系。

二、乡村振兴视域下产业链金融与农村产业经济融合发展

农村产业经济不仅是村民增收致富的基础，也是助力乡村振兴的关键。在发展智慧农业、绿色农业进程中，乡村金融服务能力薄弱的弊端日益突出。为此，将现代产业链金融渗透、融入农村产业发展全过程，能够在丰富乡村金融供给、降低融资成本的同时，助力农村产业与金融服务实现有机融合。完善的金融支持是助力农村产业经济发展的关键，也是系统开发农村资源的核心要求。

（一）乡村振兴视域下产业链金融与农村产业经济的融合价值

1. 化解资金缺口，盘活农村金融市场

产业链金融通过采用"定制"的方式，将保险、信托等金融资源融入农村产业发展全过程，不仅充分盘活了农村金融市场，也为农村产业经济提供了更多融资渠道、融资方案选择。

（1）降低融资成本。通过围绕不同环节、不同主体的金融需求，提供相应的金融产品及服务，将有效降低农村产业发展的融资成本及压力。

（2）提高资金利用效能。利用产业链金融发展农村产业经济，将推动市场资金向乡村各领域流动，让资金发挥应有价值。同时，通过对资金借贷方案进行严格审批，掌握资金流向动态，有助于提高资金的利用效能。

（3）盘活、发展农村金融市场。通过发挥金融科技、"链主"企业担保等优势，化解了农村抵押难题，促进各方金融力量主动参与农村产业发展，从而有效弥补农村资金缺口，有效盘活了农村金融市场。

2. 化解风险管理压力，挖掘农村产业潜能

（1）提升风险管理效能，缓解农村金融机构的经营压力。产业链金融以全过程管理的方式，对农业产业风险进行精准识别和科学预判，将有效规避资金信贷的潜在风险，使相关资金真正发挥助农的价值优势。

（2）驱动协同，增强发展带动能力。产业链金融不仅增强了产业主体之间的紧密度，也壮大了农业经营主体，通过发挥"产融结合"的协同优势，带动其

他关联农业产业实现快速发展。

（3）挖掘潜能，拓宽农村产业发展空间。通过以产融结合为核心，助力金融力量充分融入农村产业发展的各环节，为提升发展层级提供必要支持。

3.探索多元空间，孕育农村产业新业态

产业链金融是助力农村发展的核心资源，也是助力产业创新的关键要素。通过开发多种风险可控、契合农村产业形式的金融服务模式，助力农村地区探索产业新路径。

（1）助力智慧农业发展。通过利用产业链金融的技术带动优势，激励智慧农业技术、设备及经营理念积极涌入农村，带动乡村产业实现智慧升级。

（2）助力绿色农业发展。通过发挥绿色信贷、绿色保险等金融导向作用，摆脱绿色农业发展的技术困境、资金难题，带动绿色农业集群发展。

（3）助力农业"产业+"发展。通过发挥产业链金融的协同优势，为农村产业发展提供相对稳定的融资服务方案，从而培育新的农业"产业+"形态，促进金融生态与产业生态实现有机联动。通过丰富农村金融产品及服务，为休闲农业、农业文创提供资金保障，助力农业产业向"产业+"的更高附加值升级。

（二）乡村振兴视域下产业链金融与农村产业经济的融合路径

1.优化金融服务生态，助力农村产业融合发展

为有效化解金融供给困境，需要践行"金融+产业"发展战略，推动金融资源与农村产业经济精准衔接，助力金融服务与产业场景深度融合，建设协同发展的农村金融服务生态。

（1）利用金融科技，为农村产业金融提供"定制化"服务。通过合理配置乡村金融资源，精准衔接乡村产业链所需要的金融资金，为降低农村产业链金融成本、缓解资金约束提供有力支持。

（2）发挥产业链一体协同优势，利用智慧科技来评估具体信用风险，由龙头企业、"链主"企业为农业小微企业提供必要担保，再采用保险、债权等金融工具，构建现金支持、风险评估和信用担保等系统化的金融服务方案，既化解农业产业融资、担保的现实难题，也减少信贷错估风险，提升信贷资金的利用效能。

（3）利用金融科技、数字普惠金融等工具赋能农业全产业链。要整合农业产业链各节点数据，使金融资源广泛渗透、覆盖农业生产、种植及营销等环节，

通过为农村产业发展提供便捷获取、低成本的金融力量，助力风险管理、资源集聚与产业价值增值实现有机融合。

2. 集聚金融服务要素，助力农村产业集群发展

（1）以集聚金融要素、整合金融力量为基础，推动多元力量参与农村产业集群发展。通过构建风险防控、价值共创和融资服务的产融结合网络，促进金融、科技及市场等产业要素自由流动，鼓励农村建设优质产业集群。

（2）发挥金融科技的赋能优势，通过利用智慧算法对农村产业经济的经营数据、信用数据、市场状况等进行完整收集、科学分析，精准评估农村产业信贷风险和市场风险，为其提供保险、授信及融资等金融服务，全面提升产业链金融的服务质效。

（3）以资源集聚的方式，助力金融创新与乡村产业发展共赢。要营造开放、活力的乡村金融服务环境，通过制定合理的财政、融资及担保政策，带动各类金融主体共同助力农村产业集群发展。

3. 强化金融支持，助力农村产业多元发展

（1）积极探索数字农业、绿色农业等新业态，加大金融支持力度，将优势金融资源注入农业产业，提升农村产业的发展层级。通过弥补农村产业发展的金融短板，提高农村产业的科技含量，化解农业产业价值链的低端困境。

（2）发挥绿色金融的支持优势，引导社会力量向生态农业发展。通过扩大绿色金融的扶持范围，积极引入绿色农业技术、使用农业智慧设备，激励农业企业生态创新意愿，挖掘乡村产业经济的生态潜能，全面助力乡村经济绿色转型。

（3）搭建产业链金融与农村产业协同发展平台。通过探索以金融机构、智慧金融平台和"链主"企业为核心的农业全产业链金融服务模式，融合农村产业优势、契合市场需要，助力农村优势产业发展。

第六章 绿色金融驱动经济可持续发展探究

第一节 绿色金融及其作用体现

一、绿色金融的特征与经济

绿色发展是人类为实现环境、经济、社会协调发展而提出的新理念，体现了人类对生命空间的重视、对可持续发展的深刻认知。绿色金融是指金融机构在投融资活动中，充分考虑环境和社会责任，以绿色、低碳、环保和可持续为核心原则，推动绿色产业发展，促进绿色经济转型的金融业务。"作为金融创新的体现，绿色金融可以为流通产业实现转型升级提供更多的经济支持。"[1] 随着全球气候变化和环境问题日益严重，绿色金融逐渐成为我国金融体系改革和发展的重要方向。

（一）绿色金融的特征

第一，社会性。绿色金融并非纯商业性的活动，而是具有强烈的社会属性。这种社会性体现在无论是个人还是社会整体，都无法脱离绿色金融的影响。绿色金融的发展对于社会的可持续发展具有重要影响，因此，尽管商业运作是其一部分，但其社会性是与商业运作紧密结合的。

第二，外部性。绿色金融的外部性特征非常明确。这种外部性体现在个人或企业为绿色金融、绿色发展作出贡献，这些贡献不仅有益于自身，也对他人和整个社会产生积极影响。然而，如果每个人都只从自身角度出发，不考虑这种外部性，绿色金融的真正实现可能会面临困难。因此，绿色金融的外部性也是建立在其社会性基础之上的特征。

---

① 许露元. 绿色金融与融资约束对流通产业转型升级的影响机制 [J]. 商业经济研究，2024，（03）：15.

（二）绿色金融与经济

1. 绿色金融与宏观经济

绿色金融是低碳经济时期重要的金融创新之一。绿色金融能够优化宏观经济，与其他经济政策产生互补效应；此外在实践绿色金融的过程中，相关政策能够加强环境风险管理。因此，发展绿色金融是实现经济可持续发展的必要条件。

2. 绿色金融与微观经济

绿色金融的微观经济中主要包括三个主体，即金融机构、非金融企业与个人。

（1）绿色金融与金融机构。从金融机构与绿色金融的关系上看，发展绿色金融可以增强金融机构的社会责任感，提高其自身声誉。发展绿色金融可以加强金融机构对企业的环境风险管理，实现可持续发展。商业银行发行绿色金融债券、推出绿色抵押等银行类环境金融产品，创新金融产品与工具能够更好激发其生存、发展的活力；针对钢铁、水泥等"两高"行业建立环境准入门槛，不仅能从源头上减少污染，也能加强自身环境风险管理，实现金融机构的可持续发展。

（2）绿色金融与非金融企业。绿色金融的发展可以扶持、规范非金融企业自身的经营行为，帮助其规避环境风险。绿色金融可以为环境友好型企业提供低利率贷款，对污染企业实施惩罚性高利率的贷款，这些举措改变了企业融资成本，促使企业经营行为导向保护环境。金融机构通过审查企业环境排放标准而为其提供上市融资的便利条件，规避环境风险，规范企业的环境行为。

绿色金融可以推动非金融企业的绿色产业转型，以此实现自然生态环境的整体帕累托改进。企业若在发展中受到了绿色金融相关条件的约束，必须在其产品的生产制造过程中考虑环境保护的因素，规避绿色金融的利率风险。在新的投资领域，为赢得绿色金融支持的发展机会而优先选择那些有益于环保和有益于企业利润的产业。因此企业的投资会更多地投向环境风险低的产业——绿色产业、环保产业，推进企业产业的环保化发展。企业经营可通过向绿色产业转型，实现自然生态环境的帕累托改进。绿色金融可以助力能源企业的融资，为其生产提供资金支持。

绿色金融能提高企业债券信用等级，增强企业融资能力。绿色金融可以促使企业加大环保技术投资，由此促进环保技术创新。企业为了获得绿色金融的优惠政策，必然会迎合绿色金融在环保方面的要求，改变原有的生产条件和生产技术，加大环保技术创新，优化产品设计和生产流程与工艺，实现较高的产品资源利用率。企业的环保技术需求和节能减排的硬约束，可以激发企业的技术创新，推动企业环保设备和技术的升级换代。

（3）绿色金融与个人。绿色金融的发展可以促使个人的投资倾向向环保倾斜，绿色金融可以通过降低绿色消费成本，促进个人的绿色消费。绿色金融通过对各方面资源的有效配置，使得借助绿色金融工具的绿色消费者能够降低绿色消费的成本，促使社会资源更多地向绿色消费产业链上流动。绿色金融还可以潜移默化地培养个人的绿色消费观念，促进绿色消费的进一步推广，更好实现绿色金融的可持续发展。

二、绿色金融的作用体现

第一，引导资源配置，实现经济和环境的协调发展。绿色金融强调在经济效益最大化的同时，也要考虑环境效益的最大化。在资源配置的决策过程中，必须秉持科学、合理的原则，既要确保经济的持续增长，又要切实保护环境，维护生态平衡。通过绿色金融的有效引导，能够实现资源的最优配置，进而推动经济与环境的和谐、稳定发展。

第二，控制环境风险，推动经济结构调整。绿色金融可以帮助我们识别、预测、评估和管理环境风险，从而降低环境保护和经济发展之间的矛盾。通过绿色金融的支持，可以鼓励企业进行经济结构调整，推动循环经济、低碳经济、生态经济等环保产业的发展。

第三，引导企业和社会行为，推动绿色消费绿色金融可以通过金融机构的准入管理和信用等级划分，影响和引导企业和社会的生产和生活方式的改变。通过绿色金融的引导，可以推动企业进行绿色生产，推动消费者进行绿色消费，从而实现绿色经济的发展。

第二节　绿色金融发展与产业结构升级

一、绿色金融发展的特征与策略

（一）绿色金融发展的特征

第一，绿色金融发展的公共性。环境保护和气候变化是全球性的问题，需要全球范围内的合作和共同努力。绿色金融发展涉及公共资源的配置和利用，需要政府、金融机构、企业和社会各界的共同参与。政府应发挥引导和推动作用，制定相关政策和法规，提供财政支持和税收优惠，推动绿色金融发展。金融机构应积极履行社会责任，加强绿色金融产品和服务创新，推动绿色金融发展。企业应加强绿色管理和生产，提高资源利用效率，减少环境污染，实现可持续发展。社会各界应加强宣传和教育，提高公众对绿色金融的认识和理解，形成绿色金融发展的良好氛围。

第二，绿色金融发展的长期性。环境保护和气候变化是一个长期的过程，需要长期的投入和努力。绿色金融发展需要金融机构长期坚持绿色金融理念，不断完善绿色金融产品和服务，推动绿色金融发展。金融机构应制定绿色金融发展战略，明确绿色金融发展的目标和任务，制定具体的实施计划和时间表。金融机构还应加强绿色金融人才的培养和引进，提高绿色金融业务的水平和质量。

第三，绿色金融发展的市场性。绿色金融发展需要市场机制的作用，通过市场机制引导金融资源流向绿色产业和项目。金融机构应加强绿色金融市场的建设，完善绿色金融市场的规则和制度，提高绿色金融市场的效率和流动性。此外，金融机构还应加强与国际金融机构的合作，推动绿色金融市场的国际化和一体化。

第四，绿色金融发展的创新性。绿色金融发展需要金融机构不断创新金融产品和服务，满足绿色产业和项目的融资需求。金融机构应加强绿色金融产品和服务的研究和开发，推出符合绿色产业和项目特点的金融产品和服务。金融机构还应加强绿色金融风险管理，提高绿色金融业务的风险识别、评估和控制能力。此外，金融机构还应加强与国际金融机构的合作，借鉴国际先进经验，推动绿色金融发展。

第五，绿色金融发展的可持续性。可持续发展是指在不损害未来世代满足自身需求的前提下，满足当代人的需求。绿色金融将环境保护和资源可持续利用作为核心考量，通过金融活动推动经济、社会和环境的协调发展。绿色金融发展强调经济发展与环境保护的平衡，追求经济、社会和环境的共赢。

（二）绿色金融发展的策略

1.改变传统经济发展观念

（1）传统经济发展观念往往只重视经济增长的速度和规模，忽视了资源节约和环境保护。而绿色金融改变了传统发展观念，树立了绿色、循环、低碳的发展理念，有利于实现经济发展与生态保护并重。

（2）在传统经济发展观念中，金融的作用主要是为经济增长提供资金支持。而绿色金融强调金融在推动绿色发展和优化资源配置中的重要作用，即将金融资源引导到绿色经济领域，推动绿色产业技术发展和优化升级。

（3）在传统经济发展观念中，投资者更关注周期短、收益高的项目。而绿色金融在重视绿色项目投资回报同时，更注重项目产生的生态效益，如何减少对自然资源的消耗和保护生态环境安全是吸引更多投资者参与绿色项目的重要因素。

（4）在传统经济发展观念中，金融创新主要关注金融产品的创新，忽视了金融服务的创新。而绿色金融重视加强绿色金融服务创新，为绿色经济领域提供更加丰富和多样化的金融服务。

（5）在传统经济发展观念中，金融机构主要关注大型企业的金融需求，而忽视了中小微企业和个人的需求。而绿色金融重视提高金融服务的覆盖面，让更多中小微企业和个人得到绿色金融的融资支持。

2.建立健全有效的政府机制

（1）建立健全一体化的绿色金融政策体系。加强顶层设计，出台面向绿色金融领域的专门法律法规，以高层次文件明确绿色金融发展的总体目标、战略方向和体系架构，避免发生导向冲突。强化各相关部门的政策沟通和协调，制定一体化的绿色金融行动方案、支撑政策与配套落实文件，确保出台政策间的协同性，形成统一的绿色金融发展战略。鼓励各地区根据自身资源禀赋和发展需求，制定符合本地实际的绿色金融政策，同时加强区域间的政策交流和合作，形成绿色金融发展的良性竞争格局，确保绿色金融政策的协同落地。

（2）完善监管体系。建立健全绿色金融监管协调机制，明确绿色金融市场的准入标准、业务范围和监管要求，为绿色金融监管提供法律依据。加强各监管部门之间的沟通与协作，建立绿色金融风险监测预警机制，形成合力。强化信息披露要求，加强对金融机构和企业的监管，明确 ESG 信息[①]、综合效益、风险状况等信息披露要求。充分发挥媒体、行业协会等社会力量的监督作用，加大监管力度，加大对绿色金融市场的舆论监督力度，推动绿色金融政策的落实和完善，确保金融体系的稳健运行。

（3）推动标准与评估体系统一化。建立统一的绿色金融产品分类体系，明确各类绿色金融产品、资助对象的定义、范围、特点和评估体系，建立科学合理与统一的绿色标准及评估体系。建立绿色金融标准与评估体系的动态调整机制，畅通市场主体参与渠道，依据市场发展变化及时调整和完善。鼓励政府部门、金融机构与龙头企业积极参与国际绿色金融标准的制定和修订，借鉴国际先进经验和做法，推动我国绿色金融标准与国际接轨。

3. 构建高效实用的市场体系

（1）多元化绿色金融产品。鼓励金融机构创新绿色金融产品，提高市场上绿色金融产品的多样性，促进更多资金流入绿色领域。发展绿色融资租赁、碳金融，以及新型绿色信贷、绿色保险等产品，鼓励企业发行绿色债券，推出针对环境污染、生态修复、可持续农业等方面的绿色金融产品，用于绿色项目的建设和运营。鼓励设立绿色投资基金和绿色证券，面向"两高"产业提供长期稳定的转型资金支持。加强对绿色金融产品的宣传和推广，鼓励金融机构与企业合作开发产品，提高绿色金融产品的覆盖面和质量。

（2）提升风险管理和信息透明度。完善面向绿色金融市场的信息披露制度，健全信息聚合平台，鼓励第三方评估机构参与绿色金融项目的评估工作，提升市

---

① ESG 信息是指企业在环境、社会和公司治理三个方面的表现和实践的综合描述。这些信息通常用于评估企业的可持续发展能力和社会责任表现，帮助投资者、消费者、监管机构等利益相关者做出更加明智的决策。ESG 信息披露是企业对外展示其 ESG 治理成果的主要途径，也是利益相关方更全面地了解和审视企业的重要方式。

场透明度，确保信息的真实准确。鼓励金融机构和企业之间建立绿色金融风险基金等风险共享机制，共同应对绿色金融市场的风险。鼓励行业协会、政府部门、龙头企业牵头建立绿色金融项目库、专家库与产品库，试运行行业黑白名单，通过举办培训班、研讨会等形式，加强对绿色金融市场主体的风险教育和培训，提高市场参与者的风险认知水平。

4. 促进具有潜力的企业健康发展

（1）增强技术与经验积累。企业通过提供研发资金扶持、给予税收优惠等激励手段，推动企业加大绿色金融技术研发投入，提升其技术创新能力。构建以企业为主体，涵盖政府、产业、学界、研究机构、金融及服务机构、用户等多主体的创新创业共同体，并搭建绿色金融技术合作平台，以达成技术资源共享，助力技术交流协作。同时，应积极鼓励企业引入国际前沿绿色金融技术与经验，强化与国际绿色金融机构的合作，全方位提升我国绿色金融技术与经验水准，从而为绿色金融发展及产业结构升级奠定坚实基础。

（2）培育与发展第三方机构。发展绿色金融担保机构，鼓励和支持专业机构开展绿色金融评估认证业务，提高评估认证的独立性、专业性和公信力，降低金融机构的风险敞口。地方政府主管部门组织遴选、培育绿色金融综合服务供应商，加强绿色金融咨询服务，降低信息不对称风险。鼓励第三方机构创新业务合作模式，搭建绿色金融信息服务平台，为企业提供定制化的绿色金融解决方案，推动金融机构扩展绿色金融产品种类，拓宽企业融资渠道。

（3）强化长期可持续发展理念的内生动力。综合线上线下宣传渠道，加强绿色低碳发展理念的宣传贯彻，营造贯穿社会生产生活的可持续发展氛围，提升企业高管和社会公众对于生态文明的认知水平。结合评级体系与环境规制手段，推动企业采用长期可持续发展的经营理念，建立符合绿色金融要求的治理结构与企业文化，激励企业积极履行社会责任。持续推动绿色工厂绿色产品、绿色供应链认证工作，创新完善绿色项目、绿色企业认证制度，提升企业的市场绿色信誉水平与可持续竞争力。建立绿色产业链合作机制，实现资源共享、风险共担，降低企业的短期行为倾向。

5. 加强绿色金融创新

（1）金融机构可以进行绿色金融产品创新，推出多样化的绿色金融产品，如绿色债券、绿色信贷、绿色基金等，或与绿色技术相关的金融产品，以满足不同绿色项目的融资需求。

（2）金融机构可以加强绿色金融服务创新，为企业或个人提供更加全面和专业的绿色金融服务，如绿色咨询、绿色评估、绿色项目管理等，推动绿色项目实现可持续发展。

（3）金融科技的发展为绿色金融创新提供更多可能。金融机构可以应用人工智能、区块链、大数据等新技术，进行绿色金融的风险评估、信息披露、交易结算等方面的创新。同时，金融机构可以与企业、科研机构加强合作创新，共同研发和推广绿色金融产品和技术。通过跨界合作，整合各方资源和优势，以提高绿色金融的创新能力。

二、绿色金融对产业结构升级的作用、机制与建议

（一）绿色金融对产业结构升级的推动作用

绿色金融作为一种新兴的金融模式，其核心理念是兼顾经济效益和环境效益的双赢。在我国，绿色金融的发展不仅能够优化产业结构，降低融资成本，还能有效地防范和化解企业运营过程中的风险，推动经济的可持续发展。

第一，绿色金融的投资导向效应能够使社会资金、专有技术、专业人才等生产要素由高污染、高耗能、产能过剩的行业流向符合绿色发展的产业中来，从而优化产业结构。通过引导资金流向绿色产业，不仅可以提高这些产业的竞争力，还能推动整个社会经济结构的转型升级。

第二，绿色金融能够通过降低贷款利率的方式为符合绿色发展融资的企业提供资金，这一定价方式降低融资企业的融资成本，有效地支持了绿色企业的可持续发展。这不仅有助于提高绿色企业的生产效率，还能促进其技术创新，进一步推动产业结构的优化。

第三，对于一些刚刚起步的绿色发展项目，在整个项目运营过程中风险威胁较大，而绿色金融可以充分发挥其风险管理功能，在一定程度上防范和化解企业运营过程中的风险集聚障碍，有效降低风险发生的可能性，进而为企业的可持续发展保驾护航。

第四，绿色金融实际上是指在传统金融的基础上融入了绿色发展理念，要求融资企业实现经济效益和环境效益之间的双赢。这种手段一方面缓和了经济发展

与环境保护之间的冲突，使我国经济在保护好生态环境的同时保持经济的可持续发展。另一方面，绿色金融业务的有效开展能够有效降低从事绿色发展的融资企业的环境威胁，为融资企业的经济结构调整、转型升级营造一种较为安全的环境，助力了经济的可持续发展。

（二）绿色金融促进产业结构升级的建议

1. 加大绿色金融产品的创新力度

完善的绿色金融体系能够有效促进经济的发展。在国家层面上，建立完善的绿色金融法律法规体系，从顶层设计上促进绿色金融的发展；加强国际交流与合作，积极吸取发达国家绿色金融发展的经验，建立具有中国特色的绿色金融理论，并立足中国国情和实际，开展计划性和针对性较强的实践，最大程度地监管和制约金融机构的绿色金融行为；加强政府与社会各界的协作和配合，促使各项法律法规、政策建议等落到实处，一方面，引导各大银行、金融机构将绿色金融纳入自身的发展策略，为绿色经济的发展提供多元化投融资方式；另一方面，通过一些惠民性的政策鼓励和支持银行、金融机构开展绿色信贷，促使我国经济走上绿色发展之路。

在企业层面上，支持、鼓励大中型企业积极进行绿色革新，通过改进产品制造技术、引入高水平技术人员等来推动小微企业的绿色金融改革，并构建相应的机构框架，健全内部管理制度，完善对应的监管、分析评价体系，进而研发出针对性强的多元化绿色金融产品，全面提高绿色金融产品的覆盖面和辐射力。

2. 因地制宜地发展绿色金融

加强对各地区绿色金融发展水平、产业结构发展情况的调研，立足当地发展实际，制定针对性较强的绿色金融政策，建立地方特色浓厚的绿色金融服务平台，为绿色金融的发展创造良好的环境。

在经济发达地区，充分发挥其完善的市场机制、市场规则的作用，并多多借鉴发达国家绿色金融发展模式，减少政府干预，以便充分发挥绿色金融对产业结构升级的推动作用。

在经济欠发达地区，可通过构建以特色产业为基础的绿色金融服务平台，引导绿色金融市场主体向特色型绿色产业提供信贷担保、创新激励等手段，加强对绿色产业发展的支持，加快绿色产业的发展步伐。

3. 加大技术创新帮扶力度

随着经济全球化进程的加快，企业应将眼光放长远，除眼前的利润外，更应着眼未来的发展，全面完善创新体系。我国的企业以小微企业为主，经济实力相对较弱，因此企业要实现绿色化发展转型的成本相对较高，企业开展创新活动的难度较大。因此，金融机构应通过设立多元化绿色金融产品的方式，从资金上支持此类企业的技术创新。我国要想构建多元化的绿色金融体系，可从以下几点展开：一是金融机构加强对员工的绿色金融基础知识的培训，并想方设法吸引水平较高的绿色金融专业人才；二是加大信贷业务在绿色金融领域的创新力度，如支持绿色企业在符合相关规定的前提下通过碳减排、知识产权质押等方式来获得资金支持，并通过一些吸引力较大的优惠手段吸引企业加入绿色发展轨道中。此外，金融机构应构建符合经济发展大趋势、拥有绿色金融特色的金融衍生品交易市场。绿色金融的发展必然能为企业技术创新拓宽融资渠道，尤其是对于传统企业来说，能够促使其加快转型的步伐，全面提升企业的现代化水平。

4. 创造绿色金融有序发展环境

一个系统化、成熟的法律法规体系是绿色金融发展的坚实保障。首先，加强与绿色金融相关的法治体系建设，积极推动基本保障、业务规范等各个方面的法律规范建设，为绿色金融的发展创造良好的外部环境。其次，完善绿色金融的监督机制，监管部门应当与相应的政府部门加强合作，加强约束性、限制性政策的实施，提高监管力度，从而充分优化绿色金融监管体系，提高监管效率。最后，通过多方面的支持，推动绿色环保企业的发展，以此来间接约束高污染企业，确保绿色信贷资金能够真正发挥其作用。这样，不仅能够推动绿色金融的发展，也能够保护环境，实现经济的可持续发展。

第三节　区块链技术赋能绿色金融发展

"在区块链技术席卷各个行业的同时，其促进绿色金融领域发展的技术优势开始显现出来，因此，将区块链技术应用到绿色金融领域的实践迫在眉睫。"[①]

[①] 黄卓金. 区块链技术助力绿色金融发展应用探析 [J]. 金融科技时代，2024，32（04）：74.

区块链技术的分布式账本消除信息不对称和"漂绿"行为，区块链技术能识别真正的绿色企业，确保资金专用；区块链简化融资程序，避免人工风险，并促进跨国支付合作；区块链实时追踪绿色资金使用情况，确保资金投向绿色项目；大数据处理推动绿色金融产品和服务创新。区块链结合金融工具拓宽融资渠道，促进产品多元化，并提供定制化服务。

一、区块链技术在绿色金融领域的应用场景

区块链技术作为一种具有去中心化、去信任化、非对称加密、不可篡改与可追溯等优势的技术，已经在数字货币、智能合约等领域得到广泛应用。而在绿色金融领域，区块链技术同样具有巨大的潜力。

第一，区块链技术可以取代支付与结算过程中的第三方中介作用，从而解决绿色金融中存在的信息不对称问题。此外，区块链技术构建的大数据征信平台可以提供征信渠道，解决绿色金融中的信息不对称问题，扩宽绿色金融征信渠道，提高征信质量。

第二，区块链技术可以缓解绿色金融开展初期，由于交易信息的短缺而导致交易量的萎缩。企业可以通过多平台信息共享提高自身信誉水平，使其在开展绿色金融前期节约融资成本，并通过智能合约提高决策效率。与此同时，在绿色金融业务开展过程中可以通过共享账本，对资金链信息进行透明实时监控，一方面通过嵌入信用管理提高违约成本，另一方面有助于提早发现风险，实施止损管控。

第三，区块链技术可以有效解决绿色金融发展中存在的金融机构参与积极性不强、交易成本高、效率低下、信息不对称、监管难度大等一系列问题。区块链开源的设计使其数据对所有人公开，任何人都可以通过公开接口查询区块链数据和开发相关应用，能够加快市场的创新速度。可以通过互联网金融平台拓宽融资渠道，丰富金融产品和绿色金融服务。区块链与商业票据、股票、基金、期货等多种衍生品结合，将进一步扩大绿色金融的多元化进程。

第四，区块链技术还可以推动绿色金融与物联网、大数据、人工智能等领域的深度融合，实现绿色金融的智能化、精准化、高效化。例如，区块链技术可以实现绿色金融的实时监控，对环境污染企业进行实时监管，确保其遵守环保规定；区块链技术还可以实现绿色金融的自动执行，通过智能合约自动执行环保标准，减少人为干预，提高监管效率。

二、区块链技术赋能绿色金融发展的对策

（一）鼓励主体积极运用区块链技术，加强宣传教育

就政府而言，应主动将各项服务落实到位，而不是仅做监管者，要对区块链技术进行深入学习和研究，对其优势和作用予以肯定，并将其应用到绿色金融领域。政府还应鼓励绿色金融的参与主体积极尝试运用区块链技术，对各主体之间的联盟关系进行协调，将环境监管部门、对环境友好的企业与银行的区块链技术系统对接起来。

就企业而言，应积极响应号召，在实施创新型战略时优先考虑引进区块链技术，若前期规划不合理就可能导致企业财务负担过重、经营陷入困境，甚至破产。因此，企业在作出引进决策之前，必须将市场中投资者对新技术的需求与企业自身的综合实力进行比较。此外，企业还需加大对投资者的宣传力度，提高投资者对区块链技术的认可度，增强其对企业的信心，投资者的参与又会推动企业更加积极地应用区块链技术。

就金融机构而言，根据其成立的经营模式，设立相应的内部治理框架，完善内部管理制度与体系，加强对员工的宣传教育，提高内部员工的积极性；建设更为完善的绩效评估体系，采用年度评估的方式评估区块链技术赋能绿色项目的运作效果。

（二）大力开展区块链技术研发，提升技术水平

不断提升技术水平是将区块链技术推广到绿色金融领域的重要举措。技术因素势必会影响区块链技术在绿色金融活动中发挥作用的效果，因此克服技术问题迫在眉睫。

1.加大研发力度

加大对研发的资金投入力度，通过设立专项基金、提供税收减免和贴息等激励措施，可以有效引导社会资金更多地投入区块链技术的科技创新中来。这样的政策扶持不仅能够激发企业的创新活力，还能够鼓励那些实力雄厚的区块链企业将其在技术研发和创新方面积累的丰富经验复制到绿色金融领域，从而更加有效地促进绿色金融的发展。

我们需要在机构和企业内部建立专门的区块链技术研发队伍，这些研发队伍应当由具备深厚技术背景和丰富实践经验的科研人员组成，应当鼓励他们积极借鉴国内外在区块链技术应用方面的成功经验，并结合绿色金融的实际需求，努力突破现有技术层面的困境。通过不断的研发和实践，我们可以期待在区块链技术的安全性、稳定性、可扩展性等方面取得显著进展，从而为绿色金融提供更加坚实的技术支撑。

2. 提升隐私保护技术

在绿色金融中引进区块链技术时，应重点关注区块链技术的消费者及将数据输入区块链系统中的企业，设立隐私保护机制。消费者使用区块链技术时需将自己的身份信息、IP 地址等数据导入系统中，企业应将能够保护消费者隐私的技术嵌入区块链系统中，杜绝信息泄露的可能。

区块链上所有符合环境要求企业的隐私都应受到保护，链上企业在系统中上传的数据信息完全公开，这些企业面临数据被窃取的危险，所以必须积极研究如何加强对企业的信息保护。

（三）加快区块链技术人才队伍建设，形成智力储备

人才是积极推动区块链技术应用于绿色金融活动中的中坚力量，因此我国应充分认识到人才的重要作用，不断加强人才队伍建设。

第一，政府牵头与社会各界紧密合作。政府应充分开展调研，创造适宜培养人才的政策环境，鼓励机构与高校培养具备区块链技术与绿色金融相关知识和能力的复合型人才。

第二，金融机构及企业应重视人才素质的提高。对内，可聘请经验丰富的专业人士为员工定期举办绿色金融产品及区块链技术的培训课程，普及基础知识，提高现有员工的专业素质；对外，应长期与高校进行合作，借用高校的资源和优势填补人才队伍缺口，还要积极吸纳国内外具有金融科技和环境知识的复合型人才，不断完善人才引进体系。

第三，高校要及时开设相关专业课程。高校要加强校园宣传教育，及时向学生介绍绿色金融在碳中和背景下的意义，引导学生思考区块链对绿色金融有何作用。高校之间应紧密合作，共建区块链实验室及研发中心，攻克目前的技术瓶颈，积极开设并完善将区块链应用于绿色金融的专业课程，根据市场变动灵活调整培

养方案，培养大量高素质人才。

（四）加强区块链技术相关法律研究，健全监管体系

1. 完善相关法律和制度

区块链技术在绿色金融领域的应用处在初级阶段，还未制定专项立法。第一，政府部门及司法机关应针对性修订现行法律法规，把区块链技术纳入金融业法律法规建设中，及时进行金融科技立法，根据绿色金融活动中区块链技术的应用现状研讨制定专项管理办法；第二，加快建立健全与数据保密及产权有关的法律法规，保障区块链技术交易数据的安全性、确定交易数据产权归属，当发生产权纠纷时有法可依；第三，机构与企业要进一步完善问责制度，在没有第三方中介机构进行担保时，将员工责任制进行更为细致的管理，将问题细化到部门及个人。

2. 制定主体行为规范

不同的参与者在绿色金融生态系统中扮演着不同的角色，他们的行为对整个系统的运行和效果产生着直接的影响。

（1）对于环境友好型企业而言，他们通常会将生产经营活动中所产生的碳排放量等环境信息上传至区块链系统。这样做是为了寻求市场的认可，并以优惠利率等低成本方式获得绿色资金的支持。在此过程中，为确保企业的合规运营和良性发展，我们将采取严谨且严格的措施对企业行为进行约束。企业需要确保其上传至区块链系统的数据是真实、准确且可靠的。为了防止企业为了获取绿色资金而篡改或虚构环境数据，我们需要建立一套完善的数据核实机制。这一机制包括定期的数据审计、第三方的数据验证以及严厉的数据造假惩罚措施。

（2）政府部门在利用区块链技术获取环境数据时，也需要遵循一定的行为规范。政府部门应该注重部门间的数据共享与业务合作，打破信息壁垒，实现环境数据的互联互通。这样不仅可以提高环境数据的利用效率，还可以协同环保部门强化环境保护的监督力度。同时，政府部门在使用区块链技术时，还需要确保技术的安全性和稳定性，防止数据泄露或被恶意攻击。为此，政府部门可以制定相关的技术标准和操作规范，并对技术人员进行专业的培训和考核。

3. 探索沙盒监管制度

沙盒监管是指初期不对区块链技术进行约束，使其在无人干预的环境下发展创新，一段时间后再对其进行管制。在强化传统监管模式的同时，采用沙盒监

管，这不仅为探索新的区块链应用模式开辟新的思路，还使得应用于绿色金融领域的风险处于可控区间，既符合激励技术创新的目标，又对维持金融稳定具有重要意义。

（1）降低准入门槛，让经济主体在市场中积极进行探索，在风险可控的情况下，积累更多的经验，为区块链技术提供更多的发展空间，引导金融科技的健康发展。

（2）金融监管机构要加快成立专业部门，遵循分类监管的原则，重点监管区块链上下游的参与者，根据不同地区绿色金融及金融科技的发展情况建立差异化的法律法规与监管机制，减少监管盲区。

（3）将区块链技术的研发、信息管控及应用过程纳入披露范畴，加强对绿色融资全过程的审查，建立明确的市场准入条件，对客户资质、贷款授权及项目评估等环节进行更为深入的调查与管理，从源头上防范不安全性导致的风险，以保证绿色资金完全运用到绿色项目中。

（五）制定区块链技术应用标准，明确界定依据

第一，应当着手制定区块链技术应用于绿色金融领域的具体标准。政府需要扮演关键的引导角色，积极出台相关政策，这些政策应当能够有效推动绿色金融的发展。政府应当鼓励和支持区块链技术的创新研发，为社会各界的合作创造有利条件，共同建立和发展区块链技术的实验基地。通过这些措施，可以加快构建起一套完善的认证标准体系，为区块链技术的广泛应用奠定坚实的基础。

第二，必须对已经制定的标准进行清晰的界定和依据的确立。统一且明确的标准是制定和规范各项工作的基本前提和重要依据。在制定标准的过程中，应当明确标准的界定依据，确保标准的合理性和可操作性。从宏观层面来看，需要对区块链技术在绿色金融中尚未能够发挥优势的领域以及不适用的场景进行详细的说明，并根据我国绿色金融发展的具体情况和实际需求，制定出一系列与之相匹配的技术规范。从微观层面来看，应当充分考虑到区块链技术在未来助力绿色金融业务发展过程中可能遭遇的各种风险和挑战，并据此制定出相应的风险防控措施，以保障区块链技术的健康发展，并促进其在绿色金融领域的广泛应用。

第四节　"双碳"目标与绿色金融发展

一、"双碳"目标的发展意义

在全球气候变暖的严峻背景下，我国积极提出"双碳"目标，以推动构建人类命运共同体，展现出坚定决心和实际行动。此外，鉴于碳排放权交易机制的设立可能带来的潜在风险，即我国在碳排放问题上可能面临外部制约，因此，提出"双碳"目标亦旨在坚定维护我国的发展权益，确保我国在全球环境治理中占据主动地位。"双碳"目标的实现，将带来经济、社会、环境的全方位效益。从经济角度看，实现经济生产和碳排放的脱钩，将推动我国经济高质量发展。从社会角度看，实现"双碳"目标需要从文化、政治、生态等多个角度着手，有利于推动社会全面发展。从环境角度看，减少碳排放，有利于改善我国的环境质量，保障人民的生态福祉。

为实现"双碳"目标，我国已经制定了一系列战略方针和政策，其中"十四五"时期是关键期。"双碳"目标的提出，既体现了我国对全球气候变暖问题的积极应对，也展现我国为构建人类命运共同体所做出的努力。提出"双碳"目标有利于我国在国际社会上的地位提高，推动全球生态环保发展，为解决全球变暖问题提供中国答案。同时，也为其他发展中国家提供摆脱发达国家碳排放制约，实现自身独立发展的模板。

二、"双碳"目标与绿色金融的关系

第一，"双碳"目标为绿色金融提供明确的发展方向和目标。我国提出的"碳达峰、碳中和"目标，明确指出要在 2030 年前实现碳排放达到峰值，并在 2060 年前实现碳中和，这对绿色金融的发展提出了新的要求。绿色金融需要以保护环境和实现碳中和为目标，提供有针对性的金融服务，推动经济绿色转型。

第二，"双碳"目标为绿色金融提供广阔的发展空间。实现"双碳"目标需要大量的资金和技术支持，而绿色金融正是为这些需求提供金融服务的最佳选择。通过发展绿色金融，可以引导社会资金流向绿色部门，推动资源优化配置，降低企业减排成本，激发企业绿色转型的积极性，从而推动全社会朝着绿色低碳发展。

第三，"双碳"目标对绿色金融的监管和信息披露提出了新的要求。为了实现"双碳"目标，绿色金融需要加强监管和信息披露，确保金融机构的投融资活动符合绿色环保要求。同时，还需要不断完善绿色金融标准体系，提高绿色金融产品和服务的质量。此外，"双碳"目标对绿色金融的国际合作提出了新的要求。我国需要积极参与绿色金融国际合作，与其他国家分享经验，共同推动全球绿色金融的发展。通过国际合作，可以促进绿色金融的创新和发展，提高绿色金融的国际影响力。

三、绿色金融助力"双碳"目标实现的展望

（一）着重推动绿色金融与多元领域的协同发展

第一，有序提高绿色金融与"双碳"目标实现过程中产业的协同性。强化"双碳"目标下产业发展引导与约束的过程中，立足提高金融服务实体经济能力的根本要求，制定绿色金融支持"双碳"目标实现的具体路径、服务重点和分阶段目标，将产业政策与现有标准体系的更新、新兴制度的建立等相联系，进而将产业约束向绿色金融政策传导。

第二，为加强绿色金融与其他金融供给的协同性，需采取有序措施。这包括促进绿色金融与普惠金融、科技金融、乡村金融、供应链金融等重点金融发展领域的深度合作，共同构建"绿色＋"金融体系。在此过程中，应致力于将绿色金融的环境社会风险管理理念、定价机制以及价值发现功能等要素，有效传导至其他金融体系。同时，在融合过程中，必须充分考虑到不同金融生态的异质性，即在确保统一基本原则的前提下，构建更具差异化和针对性的金融体系，以确保金融体系的整体稳定性和可持续发展。

第三，不断提高各类绿色金融标准之间的协同性。以支持"双碳"目标实现为重要的主导原则，持续完善绿色金融标准，降低绿色识别成本。参照官方的绿色产业分类，研究开发绿色基金、绿色信托、绿色保险等标准，在体现特点的同时重视各类绿色金融标准与现有绿色信贷、绿色债券标准的衔接，完善绿色金融

标准体系建设。

第四，优化绿色金融发展与外部激励政策的协同性。既要在绿色金融薄弱环节加强激励性货币和财税政策支持，向全国推广在绿色金融改革创新试验区成功实施的绿色贷款、绿色债券、绿色保险的贴息、资金奖补等措施，提升市场主体应用绿色金融产品积极性，逐步优化激励的方式与领域，可在激励性货币和财税政策中引入环境与碳相关指标，在绿色金融改革创新试验区继续探索将已稳定激励机制向其他薄弱领域转移，更好地发挥激励作用。

第五，在金融的政策法规体系的完善进程中，逐步将引导性、激励性政策向强制性、约束性政策、法律法规转变，强化市场主体法律责任，落实绿色金融的各项执行要求。

（二）深化绿色金融产品的广度与深度支持

要将已有成熟度较高的绿色金融产品在更广地区、更多领域推广运用，同时也要强化绿色金融新兴产品的创新力度，重点体现在丰富绿色金融产品体系"双碳"目标下拓展绿色金融产品体系。

第一，在构建的信贷产品体系中，必须特别强调绿色信贷与碳排放之间的紧密联系。把碳排放的相关规定和标准融入绿色信贷的各个环节中，使其成为推动金融机构进行创新的关键工具。激励金融机构积极研发与碳排放量、低碳发展潜力等因素紧密相关的绿色信贷产品。同时，我们还应该进一步推动和规范碳排放权等碳资产，使其能够成为有效的抵质押品，从而为绿色金融的发展提供新的动力和可能性。

第二，在资本市场产品体系中进一步发挥环境定价在产品定价中的作用。支持资本市场通过差别化定价推出更多支持碳中和目标的产品，包括绿色债券、气候债券、绿色资产支持证券等。推动绿色基金策略与产品的多样化，拓宽绿色基金的融资渠道，引导公募/私募基金、主权基金、养老金、保险资管等机构投资者建立绿色投资和 ESG 策略，将绿色定价、可持续理念纳入投资评估流程并优化资产组合配置。

第三，有序挖掘碳金融属性。扩充全国碳交易市场交易范围，完善有偿配额及抵消机制，重启国家核证自愿减排量交易，推动生态资源减碳价值核算。探索个人碳交易制度，将低碳行动转化为碳市场流通配额。拓展绿色金融产品体系，将转型金融创新作为实施重点，旨在支持高碳行业绿色转型。借鉴国际经验，结合中国特点，明确政府对转型行动的支持方向，避免"一刀切"现象。建立转型金融体系，需设立绿色转型技术规范，推动金融产品创新，选择产业结构偏重地区开展转型金融创新试验。

（三）提高绿色金融应对气候变化风险的能力

建立能够应对气候变化风险的金融体系，是在气候变化的客观环境下保障金融安全、防范发生系统性风险的必然举措，要提前布局，防患于未然。

第一，逐步建立企业和金融机构碳排放相关环境信息披露的强制性制度，以夯实气候风险管理的实施基础。信息披露能力建设是为金融安全性、流动性提供保障的重要制度建设，也是倒逼金融机构和企业绿色化转型的关键制度，更是争取国际资金支持、拓宽融资渠道的重要手段，为此要扩大上市企业强制性环境信息披露广度和深度，探索加入碳中和相关指标，制定、完善碳排放、碳足迹信息披露的制度依据，在披露中要求企业和金融机构明确碳排放治理中的监管管理、事务管理、法律责任等信息，引导企业规划自身碳中和路线图。同时建议环境相关数据经鉴证后披露，增强数据的科学性、可核查性。

第二，鼓励金融机构在理念、方法、实践等方面多管齐下，以切实提高气候风险的管理能力。在风险管理理念方面，引导金融机构在投融资活动中融入可持续理念；在风险管理方法方面，完善金融业气候风险压力测试、鼓励金融机构开展环境与气候压力测试和情景分析，充分评估资产配置的气候风险和机遇；在投资实践方面，在原有授信与投资体系中构建或引入项目可持续分类、ESG 评估方法学[1]，将资产的碳排放强度、高碳资产、绿色或零排放资产占比等指标纳入评价体系，配合碳中和目标评估资产组合绿色、环保、可持续性；在监管手段方面，运用区块链、大数据等科技手段，加强对金融机构环境和气候风险的动态监控，动态调整产品要素，并将相关措施纳入监管绩效考量。

---

[1] ESG 评估方法学是一套用于评估企业在环境、社会和治理（ESG）方面表现的系统方法。这种方法学通常包括一系列指标和框架，用以衡量企业的可持续性风险和机会，并帮助投资者、利益相关者和监管机构做出更为明智的决策。ESG 评估方法学的目的是促进企业的可持续发展，并确保其经营活动对环境和社会的影响最小化。

第三，为了更有效地应对气候变化带来的挑战，加强相关部门在气候和环境数据沟通方面的协作显得尤为重要。这种协作不仅有助于优化气候风险管理的配套环境，还能极大地提升我们对环境变化的应对能力。为了实现这一目标，我们应积极建立环境数据互联互通平台，通过这一平台，各部门可以更加便捷地共享和交换数据，从而打破信息壁垒，实现资源的优化配置。同时，我们还应致力于构建更为完善的企业气候环境表现数据库，这一数据库将涵盖企业的碳排放量、环保投入、绿色技术创新等多个方面的信息。通过这样的数据库，金融机构将能够更加方便地获取到所需的数据，进而降低其数据获取的难度，并提高其利用数据服务金融创新的效率。这样的举措无疑将为绿色金融的发展提供更为坚实的基础。

（四）加强核心要素在绿色金融领域的投入力度

加强金融科技在绿色金融领域的应用深度和广度，围绕碳中和目标的需求，在碳核算、绿色资产识别、产品创新开发、认证与溯源、风险管理、信息披露等领域推动信息技术应用。譬如在绿色信贷方面，将能源管理数据平台与金融投入相结合，构建贷前预测、贷中管理、贷后评估的实施监测体系；绿色保险方面，利用信息科技收集环境信息，研究开发碳中和保险模型，为绿色保险开发、费率厘定、承包理赔等提供数据支持。

绿色金融是复合型工程，加强绿色金融人才培养，对提高绿色金融的可持续发展至关重要。大力发展绿色信用评价、碳中和复合型咨询服务等第三方中介机构有积极意义，在构建不同行业间沟通桥梁的同时，也将基于第三方鉴证等业务的发展进一步提高信息披露的准确性与科学性，共同促进行业的可持续发展。

（五）推动绿色金融市场形成双向开放格局

绿色金融是中国对外合作的重要窗口，在展现中国经济发展的新进程及绿色金融的新经验之时，还可充分引入国际可持续投资资金，拓宽中国绿色产业发展的资金来源。为此要充分利用国际资源，发挥双边、多边合作组织在绿色金融市场的资金引导作用。

　　鼓励国内金融机构积极参与国际绿色金融市场，推动境内银行、股权类投资机构等开展海外绿色低碳投融资活动，在合作的同时吸收先进理念和技术，提升自身的环境和气候风险管理能力，在交流合作中发展壮大。同时，积极引入国际可持续机构投资者，并将有益的国际绿色金融产品服务创新本地化，更有力支持国内"双碳"目标实现。

参考文献

[1] 陈晶. 经济管理理论与实践应用研究 [M]. 长春：吉林科学技术出版社，2022.

[2] 陈啸，孙晓娇，王国峰. 数字普惠金融、数字创新与经济增长——基于省级面板数据的实证考察 [J]. 经济问题，2023，（6）：34-40.

[3] 程秋旺，林巧华，石玉婷. 数字普惠金融对中小企业绿色创新的影响研究 [J]. 金融经济，2023，（12）：62-75.

[4] 代文学. 我国绿色金融、经济与生态环境耦合协调发展研究 [D]. 天津：天津大学，2020：10-21.

[5] 符芳江. 关于金融经济与实体经济良性互动关系的思考 [J]. 中阿科技论坛（中英文），2021，（9）：31-33.

[6] 耿好，梁佳怡. 数字金融下经济数字化转型与高质量发展 [J]. 商业 2.0，2023，（11）：4-6.

[7] 顾新敏. 金融经济与实体经济良性互动发展策略探析 [J]. 全国流通经济，2023，（13）：173-176.

[8] 郭玉芬. 现代经济管理基础研究 [M]. 北京：线装书局，2022.

[9] 郝建军. 金融经济管理中信息化的应用及创新 [J]. 商业 2.0，2023，（8）：40-42.

[10] 何欣，梁艳彬. 绿色经济与金融支持的耦合发展——以陕西省为例 [J]. 青海金融，2022，（6）：61-64.

[11] 华忠，钟惟钰. 协调发展视角下的现代经济管理研究 [M]. 长春：吉林出版集团股份有限公司，2023.

[12] 黄宏，张花桥. 金融危机对企业经济发展的影响分析 [J]. 活力，2023，41（24）：16-18.

[13] 黄卓金. 区块链技术助力绿色金融发展应用探析 [J]. 金融科技时代，

2024，32（4）：74-78.

[14]江朦朦.绿色金融可持续发展研究[M].长春：吉林出版集团股份有限公司，2022.

[15]姜佳含，张沁.金融经济信息化管理策略研究分析[J].财经界，2023，（9）：9-11.

[16]郎立魁，郏聚宝，王丰效.绿色技术创新与经济高质量发展动态关系研究[J].经济师，2024，（1）：12-14+20.

[17]李笑笑.绿色金融对经济增长的影响效应研究[J].产业创新研究，2023，（19）：113-115.

[18]刘好.金融经济与实体经济良性互动发展对策[J].今日财富，2023，（19）：31-33.

[19]刘金杭.数字金融对区域经济高质量发展的影响及对策研究[J].全国流通经济，2023，（20）：157-160.

[20]马锐，刘晓莹.我国数字普惠金融对绿色经济发展的影响研究[J].长春金融高等专科学校学报，2024，（3）：52-60.

[21]裴辉儒.数字金融学[M].西安：陕西师范大学出版总社，2021.

[22]钱熙.大数据理念下经济金融管理体系研究[J].财经界，2022，（31）：26-28.

[23]荣雨菲，赵鑫，蔡国辉.数字金融、经济数字化转型与高质量发展[J].海外投资与出口信贷，2021，（5）：45-48.

[24]宋敏，唐方方，张生.绿色金融[M].武汉：武汉大学出版社，2020.

[25]苏征宇.探讨劳动经济学视角下的消费金融发展策略[J].商展经济，2021，（13）：70-72.

[26]孙思哲.绿色创新与绿色金融、流通经济高质量发展[J].老字号品牌营销，2023，（23）：56-58.

[27]王德平，秦铸清.信息通信技术水平、创新能力与绿色高质量发展的动态关系——基于成渝地区的分析[J].生态经济，2022，38（5）：75-81+106.

[28]王佳玲.中国数字普惠金融经济效应研究[D].太原：山西财经大学，2021：23-45.

[29]王君萍，鲍晶婷.企业绿色技术创新的影响因素及测度：文献综述[J].

无锡商业职业技术学院学报，2023，23（6）：18-25.

[30] 王紫涵，侯梦菲 . 探究国企劳动经济管理水平提高的途径 [J]. 环渤海经济瞭望，2023，（10）：149-152.

[31] 吴金旺，顾洲一 . 数字普惠金融：中国的创新与实践 [M]. 北京：中国金融出版社，2021.

[32] 吴蕴赟 . 现代金融基础 [M]. 杭州：浙江工商大学出版社，2019.

[33] 奚宾 . 中国绿色金融有效供给研究 [M]. 上海：上海社会科学院出版社，2021.

[34] 肖秋 . 数字普惠金融与实体经济协同发展水平及其对经济增长的影响研究 [D]. 重庆：重庆工商大学，2023：12-35.

[35] 邢赵婷，钟若愚 . 数字普惠金融、劳动力流动与产业结构优化——基于新经济地理视角的实证分析 [J]. 经济问题探索，2023，（4）：142-156.

[36] 徐晓方 . 企业经济和金融管理作用思考 [J]. 无线互联科技，2018，15（23）：173-174.

[37] 许露元 . 绿色金融与融资约束对流通产业转型升级的影响机制 [J]. 商业经济研究，2024，（3）：15-19.

[38] 杨原田 . 县域视角下经济与金融的互动关系研究 [D]. 济南：山东大学，2016：15-21.

[39] 叶秀敏，姜奇平 . 数字经济学管理经济卷 [M]. 北京：中国财富出版社，2020.

[40] 易爽 . 论我国经济管理现代化和发展新趋势 [J]. 科技经济市场，2017，（7）：142-143.

[41] 尹少华，罗汉祥 . 数字金融、技术创新与区域经济增长 [J]. 贵州财经大学学报，2023，（1）：41-49.

[42] 张景岩，于志洲，卢广斌 . 现代经济发展理论与金融管理 [M]. 长春：吉林科学技术出版社，2021.

[43] 张兰 . 从经济周期理论到金融周期理论的演变背景 [J]. 福建金融，2019，（8）：18-25.

[44] 中国人民银行遂宁市中心支行课题组，罗鸿勇 . 商业银行发展绿色信贷的研究 [J]. 西南金融，2017，（4）：71-76.

[45] 朱秋璇. 数字普惠金融对经济高质量发展的影响与促进对策 [J]. 投资与合作，2023，（10）：1-3.

[46] 朱婷. 信息化建设在金融管理中的应用分析 [J]. 上海商业，2023，（1）：83-85.

[47] 朱芸萱. 大数据理念下经济金融管理体系构建策略研究 [J]. 今日财富（中国知识产权），2023，（10）：104-106.

[48] 朱志恒. 长三角城市群绿色经济与金融发展的耦合协调研究 [D]. 南京：南京林业大学，2023：1.